自信演讲

[英]尼克·戈尔德（Nick Gold） 著

孟东泽 译

Speaking with Confidence

中国原子能出版社　中国科学技术出版社
·北　京·

Speaking with Confidence.
Copyright © Nick Gold, 2020.
First published in Great Britain in the English language by Penguin Books Ltd.
由中国科学技术出版社 China Science and Technology Press Co., Ltd 及中国原子能出版社 China Atomic Energy Publishing &Media Company Limited 与企鹅兰登(北京)文化发展有限公司 Penguin Random House (Beijing) Culture Development Co,Ltd. 合作出版
北京市版权局著作权合同登记　图字：01-2023-5328。

图书在版编目（CIP）数据

自信演讲 /（英）尼克·戈尔德（Nick Gold）著；孟东泽译 . — 北京：中国原子能出版社：中国科学技术出版社，2024.2

书名原文：Speaking with Confidence

ISBN 978-7-5221-3280-8

Ⅰ.①自… Ⅱ.①尼… ②孟… Ⅲ.①演讲—语言艺术—通俗读物 Ⅳ.① H019-49

中国国家版本馆 CIP 数据核字（2024）第 014121 号

"企鹅"及其相关标识是企鹅兰登已经注册或尚未注册的商标。未经允许，不得擅用。
封底凡无企鹅防伪标识者均属未经授权之非法版本。

策划编辑	杜凡如　褚福祎	责任编辑	潘玉玲
封面设计	马筱琨	版式设计	蚂蚁设计
责任校对	冯莲凤　吕传新	责任印制	赵　明　李晓霖

出　　版	中国原子能出版社　中国科学技术出版社
发　　行	中国原子能出版社　中国科学技术出版社有限公司发行部
地　　址	北京市海淀区中关村南大街 16 号
邮　　编	100081
发行电话	010-62173865
传　　真	010-62173081
网　　址	http://www.cspbooks.com.cn

开　　本	787mm×1092mm　1/32
字　　数	90 千字
印　　张	8.5
版　　次	2024 年 2 月第 1 版
印　　次	2024 年 2 月第 1 次印刷
印　　刷	北京盛通印刷股份有限公司
书　　号	ISBN 978-7-5221-3280-8
定　　价	68.00 元

（凡购买本社图书，如有缺页、倒页、脱页者，本社发行部负责调换）

致我永远怀念的父亲劳伦斯·戈尔德,是他对我悉心指导,帮助我坚定信念,让我勇敢开口,自信演讲。

目录
CONTENTS

引言	/ 001
第一章　展示和讲述	/ 007
第二章　打造个人品牌	/ 021
第三章　演讲内容是什么	/ 041
第四章　讲出自己的故事	/ 063
第五章　理解观众	/ 079
第六章　融入现场	/ 105
第七章　演讲日	/ 123
第八章　呈现演讲	/ 145
第九章　变演讲为对话	/ 171
第十章　深刻影响：演讲深入人心	/ 191
第十一章　从合格到专业	/ 209
第十二章　数字化演讲	/ 223

附录　优秀演讲家的建议	/237
致谢	/263
后记	/265

引言

每个人都能自信演讲。如果你们能够按照接下来书中给出的提示和要点去做,我相信你们都会成为一名优秀的演讲家。虽然这个论断听起来很大胆,但我绝对相信这一点。每个人都能学会演讲。

尽管如此,很多人还是害怕站在人群面前开口说话。甚至有一个专业的术语来描述这种现象:演讲恐惧症。这种情况非常普遍,据说百分之七十五的人都会这样,而大概有百分之十的人的情况非常极端。如果你也恰好是其中一员,可能会被这种说法吓到，觉得演讲恐惧症无法克服。其实不然，只要做好准备，再加上正确的指导，一切障碍和难题便可迎刃而解。接下来的章节会讲述关于演讲的全新视角，这会帮助我们减轻很多焦虑紧张的感觉，面对演讲的时候变得游刃有余。但是"很多"不代表"全部"，因为有时候神经紧张是件好事。这种紧张感如果能够被恰当地利用，就会为你的演讲注入能量，因为它会使你集中注意力，更好地与大脑联结。

成功演讲的基本要素之一是要明白，无论你多么擅长演讲，观众才是主角。他们才是演讲的焦点，而不是你。本书后面的章节将解释这一点，以及如何把这点转化成优势——因为一旦真正理解了观众是主角，你就能够提高自信心，表现得更好。书中

引言

还会说明为什么演讲绝对不是单向的。最佳的演讲状态会展现出对话感,让观众能够积极地互动和反馈。演讲的目标始终应该是:

- 让观众沉浸其中。
- 让观众记住演讲。

真正站在观众面前演讲的时间只是整个过程的一部分而已。所以我在这里将演讲"诞生"的全过程分为"前""中""后"三个环节,每个环节都十分关键,决定了你的演讲是否能够清晰透彻,直击人心。这会涉及很多方面,比如如何在演讲前进入舒适的状态,而其中演讲的成功很大程度上要归功于恰当的准备工作。

自信演讲
SPEAKING WITH CONFIDENCE

优秀的演说家都有一个非常显著的特征，那就是他们没有一成不变的定义。他们有不同的背景，性格也千差万别。事实上，正是这种个人特质使得他们能在演讲中成功。因为展现真实的自己就是成功演讲的关键所在。凭借这一点，你们应该会更加相信我所说的"每个人都能学会演讲"。

你，可以做到。

非常幸运的是我的职业与演讲相关，这让我能够沉浸在演讲的世界。我是演讲家之角公司（Speakers Corner）的常务董事，这家公司已经发展成世界上最大的演讲机构之一。公司每年会举办1000多场活动，有超过7000名演讲者参与其中。除此之外，我还和我的兄弟蒂姆·戈尔德（Tim Gold）以及迈克尔·莱维（Michael Levey）共同创

引言

办了一家名为演讲屋（Speaking Office）的演讲者管理公司。我在其中所做的工作是帮助人们克服恐惧和阻碍，然后充分发挥自己的特长。

因此，这本书除了收录了我个人的一些想法和理论之外，还囊括了一些出色演讲者的高见。我很高兴能与这些优秀的演讲者合作。他们所分享的内容都是真实的，会给我们带来一定启发，并且在演讲中也非常实用。本书提供了向这些慷慨分享"商业机密"的演讲大师们学习的绝佳机会。

让我们一起将演讲恐惧症抛之脑后。

当你掌握演讲技巧并变得自信，让观众尽在你的掌控中的时候，你就会变成演讲爱好者。

第一章

展示和讲述

大多数人都会害怕在公共场合演讲。因为我们担心在演讲时大脑空白、讲话磕磕绊绊,担心观众觉得无聊或者自己说错话。通过阅读本书,我们会发现这种发自内心的恐惧不会消失。但我们要学会掌控它,学会与之共存,并利用这点脱颖而出。本书名为《自信演讲》,但这并不表示只有非常自信的人才能演讲。恰恰相反,无论开始时自信与否,每个人都可以演讲。希望大家相信自己,因为你可以做到,可以做得很好。

自信演讲
SPEAKING WITH CONFIDENCE

🎤 第一步：信念感

我们在小时候当众说话都非常自信，但随着时间推移、年龄增长，心智也相对成熟，却越来越害怕演讲，变得缩手缩脚。成熟理智的大脑抑制了孩童时期的想象力，反而任由谨慎和恐惧占据上风。回想我们小学的时候，一听到展示与讲述❶就会兴奋，想借此机会对喜欢的东西夸夸而谈。

我们会把手举在空中，使劲挥动，希望引起老师的注意，让老师点到自己的名字。如果有幸被叫

---

❶ 展示与讲述（Show and Tell）是国外幼儿园和小学阶段的一门必修课程，在课堂上孩子们会向同学展示物品，并讲述相关故事。——译者注

第一章
展示和讲述

到,我们会冲上讲台,然后开始讲述生活中那些重要的、特别的事物,这些小故事能为全班同学带来欢乐。那时,每个同学都沉浸在展示和讲述的喜悦中,仿佛个个都是天生的演说家,观众也意犹未尽,陶醉在一片欢声笑语中。

回头想想这些轻松愉快的场面,我们不禁问自己,为什么曾经可以做到?是什么让我们演讲前不会压力过大、思虑过度,不需要准备几周就能如此自信地上台演讲?更准确地说,是什么能让听众全神贯注地听我们演讲,对我们最珍视的事物感兴趣?无论任何场合,这个问题的答案对于所有想要演讲的人来说都是迈出成功的第一步,而这个答案就是——信念感。

小时候的我们展示和讲述的是自己坚信的、真

自信演讲
SPEAKING WITH CONFIDENCE

正热衷和关心的事物。我们不会照着提词器读,也不会念别人写的稿子,只是用自己的话去说,所以能把故事讲得活灵活现。

案例分析

威尔·巴特勒-亚当斯:热情的自然流露

威尔·巴特勒-亚当斯(Will Butler-Adams)是布朗普敦(Brompton)自行车品牌和自行车租赁公司的老板,同时也是一位令人尊敬的演讲家,在演讲时他总是饱含热情。他告诫人们,演讲不要"过度酝酿"语言,才能表达得自然。"演讲时如果对语言太过精雕细琢,给人感觉就像在照本宣科,显得很做作,不像自己。如果演讲者讲的都不是自己,演讲时就很难放松。"

第一章
展示和讲述

> 如此看来，热情并不是一种特定的行为，我们也不要刻意追求。热情应当自然而然向外散发，让所有人感受到。这样观众才会紧紧跟随你的热情启程，参与这场演讲之旅。

我深知上述的一切很容易受到反驳，可能对于很多人来说不值一提，毕竟我谈论的是小学时期的展示和讲述。人们小时候的生活简单得一目可及，没有成人世界赤裸裸的现实和随之而来的压力。那时我们不介意观众评头论足，也不必担心在别人面前的表现是否会对自己的职业生涯、信誉和名声造成影响。

所以，成年人肯定可以看出长大以后在公共面前演讲蕴含着更大风险。然而，我认为每个人都应

该内心充满渴望，保留孩童时期对于生活和冒险的热情。但这里回忆小时候展示和讲述的主要目的并不在此，而是要让大家记住每个人都是自信的，我们要做的就是重拾这份信念感。

第二步：主动掌握内容

对于这一步骤，我希望大家能重点关注如何主动把握演讲的内容。就像小时候大家会激动地将自己认为有意义的东西一股脑儿说给同学听——比如最爱的《星球大战》的玩具，偶像歌手的亲笔签名或是一次又一次掷出然后被爱犬咬坏的飞盘。

对于想要自信地站在台前的演讲者来说，这意味着什么？意味着必须要对自己将和听众分享的内

第一章
展示和讲述

容深信不疑,更重要的是主动掌握内容。但是我们讨论的内容,不一定就是原始数据。简而言之,如果要进行一场商业演讲,很有可能不是你一个人拟定演讲内容。通常来说,至少会有一部分内容需要经过团队合作完成。但即使如此,你仍然可以将其化为己有。要做到这一点,就需要将自己的经历和性格特征融入演讲的内容中,让它变得对你有意义。作为一名演讲者,如果能够在演讲中更多地去讲述自己的故事,同时又能嵌入想要传达的内容,就能更加吸引观众。

在这过程中一定要注意,不要试图把内容或者故事强加给观众,这只会让人觉得生硬突兀。要一直记得,观众需要故事,因为他们不仅仅代表买家、监管人员或行业活动中的同行这些身份,他们首先都是作为人存在的，会积极地回应能产生共鸣的情感。如果演讲时能够让观众感受到这种情感，他们就会接纳你所要传达的内容。

此外，对于演讲者至关重要的一点是，一旦将自己的故事加入演讲，就相当于让自己置身其中，可以更全面地展现事件。这会让人信心倍增，因为当你游刃有余地讲述自己的故事，彰显自己的个性时，演讲带来的紧张和恐惧就会消失殆尽。

案例分析

杰玛·米尔恩：观点和爱好的结合

杰玛·米尔恩（Gemma Milne）是苏格兰一位年轻的科普作家和网红主播。她如今还是一位充满激情的主题演讲家，主题涵盖了生物技术、

第一章
展示和讲述

生命健康、高等数学和太空、能源以及学术创新等多个领域。但她的第一次演讲有种赶鸭子上架的感觉,当时她刚入职9天,她就被老板要求在迪拜做一场以公司创新为主题的演讲,而观众多达500人。由于演讲的时间长达45分钟,她认为一直讲公司创新团队发挥的作用会很无聊,所以她决定将她的爱好和一些鼓舞人心的观点相结合。

"整场演讲我都在尝试打动别人,因为这是营销宣传最有效的方式,"杰玛回忆当时的场景时谈到,"我当时一直在讲自己对数学的热爱,还向观众演示了数字有关的小技巧。我试图向他们展现数学的魅力,还提到我人生的目标之一就是让每个人都爱上数学。简单来说,我在讲的是数学让我感到触动，而我也明白吸引其他观众的只是数学中的未知量。"

"做完那场演讲之后，我深受启发。我明白了在任何主题演讲中，我要做的不一定是加入我的故事，而是融入我的敬畏和好奇之心，以及属于我自己的那份纯真乐观。我对企业演讲没有兴趣，我只是想分享我对数学的热爱，分享我对世界的好奇，但这恰恰也让我能演讲得如此有趣。"

这种对自我的认知和爱好无疑成了杰玛演讲生涯的诀窍。"我发现有些演讲是告诉人们'哪九个步骤帮助你……'而另一种类型演讲则是告诉人们，'我如何对某个行业或想法概念进行思考'。"杰玛谈到，"任何人都可以学会这两种方式的演讲，但你的专业知识和潜意识的倾向往往

第一章
展示和讲述

> 会让你厚此薄彼。而我的演讲则是告诉人们'我是如何播下内心的种子,然后让人们自己去思考,'而不是'这是我的经验,去照着做'。"

想想你可以讲述哪些关于你自己的故事,能够让观众感受到你内心的真挚,又能稍显自己的个性。想想你会不由自主地提起生活中的哪些方面,比如爱好,或是喜爱的超级英雄。想想如果参加《只有一分钟》(*Just a Minute*)[1]节目,你会选择什么话题。想想你的与众不同之处,因为这些都是观众会觉得

---

[1] 《只有一分钟》是英国电视四台一档由尼古拉斯·帕森斯主持的智力游戏节目,规则是指定一个题目,参加节目的嘉宾要在一分钟之内说一段话,不能犹豫、出现重复的词或者偏离主题。——译者注

有趣的细节,会让你的演讲变得令人难忘。

演讲小技巧

- 主动把握演讲内容。
- 将观众带入一段故事之旅。
- 激发内心的"展示和讲述"。

第二章

打造个人品牌

我们生活在一个充满品牌的世界。品牌无处不在，从我们平时开的车到穿的衣服，从用的技术到购买的包装食品和饮料，从金融产品到飞机航线，这些产品都有属于自己的品牌，其中某些品牌的品质受到大家广泛认可，它们旗下的产品也会第一时间出现在消费者的脑海里。而且我们都会有自己钟爱的品牌，我们会因为产品性能和可靠性去信任一个品牌，也会因为品牌符合我们的价值观、美好愿景和生活方式而联想到它。

自信演讲
SPEAKING WITH CONFIDENCE

这一切都不是偶然。无论是产品还是品牌都是经过深思熟虑后打造和推广的。团队成员致力于寻找自身定位和对外宣传,确保能够恰如其分地展现品牌形象,并传递给其受众。对于很多企业来说,品牌就是他们最宝贵的资产。

当我们将"品牌"用在人身上时,会自动联想到那些提起名字或绰号就能让人一下子想起来的名人,比如碧昂斯(Beyoncé)、阿黛尔(Adele)、贝克汉姆夫妇(Posh & Becks)、蕾哈娜(Rihanna)、安东尼和德科兰(Ant and Dec)、罗纳尔多(CR7)。这些明星都有自己的专属品牌,向全世界展示自己的角色。听到他们的名字,我们不仅知道他们是谁,还明白这名字代表什么。

个人品牌并非名人的专属特权。我们每个人都

第二章 打造个人品牌

有自己的品牌或者角色。但我们通常不会给自己贴标签，因为大多数时间我们的工作生活就像在完成任务，并适应了这种平淡的现状。朋友和家人都已经认识我们，所以我们不需要太清楚自己的定位，就能让他们记住我们专属的"品牌调性"。

即使在更正式的工作场合下，通常我们参加会议时也很清楚自己代表的是企业的品牌或价值观，所以我们遇见的人可能已经对我们在会议中的表现和定位下了结论或是有了心理预期。但是当我们在演讲时，无论是在什么环境，以何种形式，我们都有机会展现更多属于自己的观念。因此，我们必须正确定位个人品牌，以便为我们在演讲中传达的内容打下坚实的基础。

🎤 肢体语言的重要性

一场好的演讲绝不仅仅取决于传达的内容。这么多年来,人们一直在讨论语言和非语言沟通之间的关系,虽然有所争论,但都一致认为肢体语言非常重要。我们的姿态、手势和其他动作会被别人本能地察觉到,演讲时会给观众留下印象。

不管承认与否,人们都会根据演讲者的语气和肢体语言做出自己的判断,这决定了他们是否喜欢演讲者或者接受演讲所表达的观点。因此,演讲的文本内容和字面含义只是演讲的一部分而已。

这一点虽然尽人皆知,但很容易被忽视。很多演讲者都不会考虑自己的说话方式和肢体语言,但这恰恰是个人品牌的重要组成部分,会极大地影响

第二章
打造个人品牌

观众。

正如上一章中所提到的,成功的演讲离不开真实性。演讲者在舞台上或者观众面前展现的绝不能是一个虚构的人设。虽然你可以巧妙地设计出与之相吻合的演讲内容,但如果这与你真实的个人品牌调性不符,演讲最终还是会失败,因为观众们一定会有所察觉。有个很好的例子能够说明这一点,可以让我们理解与自己格格不入的肢体语言多么令人尴尬。英国前首相特雷莎·梅(Theresa May)在 2018 年保守党年度大会上,伴随着阿巴乐队(ABBA)《舞蹈皇后》(*Dancing Queen*)的旋律,走上演讲台,这令她名声一落千丈。她尴尬的舞姿与平日里严肃政治家的公众形象形成了鲜明对比,因此台下观众和英国媒体都针对她的做作和不真实有所回应（这只是委婉的说法）。

案例分析

罗里·萨瑟兰：坚持真实的自己

罗里·萨瑟兰（Rory Sutherland）是一个很善于坚守个人品牌的人，他给自己的定位是"广告界的灰姑娘"。罗里漫长而辉煌的职业生涯都贡献给了广告、营销和品牌领域，同时他也是一个广受观众欢迎的演讲家，演讲的主题包括技术和未来广告。舞台上的他总是语速比较快，并且讲话风趣幽默，就和他在日常生活中表现得一样。

"我在台上台下的表现基本上是一样的，"罗里说道，"我从来没有刻意地练习推销技巧，因

第二章 打造个人品牌

> 为我觉得会适得其反。演讲应该看作是产品展示,而非进行推销。我始终坚信这一点。这也让我在演讲时更加从容自如,因为我不喜欢硬生生地进行推销。我更愿意去表现一些东西,并证明它。"

一般来说,演讲内容和个人品牌之间脱节就意味着演讲失败的风险很高。但也会有例外,比如演技精湛的演员能够以各种风格进行演讲,听上去也很令人信服。换句话说,演技好的演员塑造出的不同角色能体现出不同的个人品牌,因为他们是说话语调和肢体语言方面的专家。但我们可不是奥斯卡奖得主或戏剧表演的大师,没办法与他们相提并论,所以我们还是应该坚持做真实的自己。

🎤 明确个人风格

确立个人品牌再明确个人风格,这是呈现一场演讲的重要起点。但想要做到这点需要什么呢?这听起来有些困难,其实不然。首先,你需要问自己什么会让你感到舒服,想一想你平时喜欢怎么说话、如何行事,这样做的目的就是让你对自然状态下的自己有强烈的认知。如果准备演讲时多思考这一点,站在观众面前时,你就会感到更加从容。牢记"塑造个人品牌"可以让你的个性与演讲融合得更和谐。这样演讲前练习的时候,你就可以发现你的演讲内容或者表达方式与你想要塑造的个人品牌不一致的地方。

第二章 打造个人品牌

🎙 交流习惯

一个提高自我认知的好建议是重温最近和朋友交流的场景,例如在咖啡厅、饭店见面或者线上聚会,然后回想以下问题:

- 你在交流过程中是主导的那一方吗?
- 你表达的观点是否具有挑战性或者攻击性?
- 你能讲出什么有趣的故事吗?

这些只是你可以问自己的一些问题,以便深入了解自己日常的交流习惯,然后尝试尽可能准确地评估自己。

自信演讲
SPEAKING WITH CONFIDENCE

🎤 "五个词"挑战

每个人在不同的情况下有不同的行事方式。因此，为了能够更全面地了解自己，请选择你信任的朋友和家人，让他们用五个词来形容你。这些和你关系亲近的人选择的词语中，应该会有重叠，至少也有相似之处。不管你喜欢与否，这些都构成了你的个人品牌，而个人品牌或多或少会被他人的看法所定义。

如果这些词里真的出现了你非常不喜欢的性格特点，你可以针对这方面进行改进（这确实也是另一类书的主题）。而我可以帮助你对那些积极和中性的形容词善加利用。拥有这些形容词的方式与和主动掌握演讲内容的方式完全相同。利用这些词来告诉自己如何构思演讲内容和表达方式，这种做法也

第二章 打造个人品牌

可以说是"发挥自己的优势"。

🎤 将个人品牌带上舞台

演讲的时候,你要将个人品牌在舞台上展现出来,脑海中要牢记真实的自己。保持自然的状态,这样可以确保你演讲的内容和风格都尽显你真实的一面,让观众、让你自己在演讲中都感觉舒适自如。我们接下来就一起了解那些经验丰富的演讲家是如何做到这一点的。

🎤 夸张的力量

接受并适应自己的形象后,优秀的演讲者会在

舞台上更夸张地展示自己。他们从自己众多形象中选择对演讲最有帮助的那一面,然后在观众面前夸张地表现出来。

再强调一遍,这种形象可不是他们为自己新立的人设,而是他们本身就具有的。他们会为了在演讲中表现得更出色而向观众们展现出其中一种形象。我很喜欢看一些卓有成就的演讲家演讲,从中我们可以注意到,他们能够让自己处在一种非常舒适的状态,因为他们的演讲始终契合"个人品牌"。

案例分析

杰兹·罗斯:保持真实

"真诚很关键,所以要真实。"杰兹·罗斯(Jez Rose)这样说。他拥有多重身份,既是魔

第二章
打造个人品牌

术师、主持人，也是励志演讲家，还是世界上第一个碳中和蜜蜂农场主。"如果你不这样做，就会很难处理好自己的多重身份，也会让观众感受不到真实的你。"

杰兹敦促大家不要强迫自己去迎合某些普遍存在的定式。"不要因为大多数人都在讲客户服务，你就觉得自己也应该这样做。"关于个人品牌，杰兹形容舞台上的自己是"情绪更高涨更有活力"的。正如我所说，他也坚持认为，个人品牌与演讲传达的内容和观点保持一致是至关重要的。

"这样做不仅让自己看起来更专业，进而增加观众对你和演讲内容的信任度，还能向观众表明你为了准备这场演讲花费了不少时间和精力，"

> 杰兹说,"你是想让人们坐下来听你讲一个小时或更长时间。如果你自己都懒得去做充足的准备,他们为什么还要为此浪费时间和精力呢?往往就是这些小事能带来巨大的改变。"

前期准备的重要性

如果你的演讲与自己的个人形象相契合,就会大大增加演讲成功的概率,所以早在演讲之前,你就应该梳理好自己的个人品牌。只要将个人品牌了然于心,撰写演讲稿时,你就能够对想要的演讲风格和内容结构有明确的方向。

在构思演讲稿时,一定要牢记自己的个人品牌,

第二章 打造个人品牌

以及思考如何传达个人品牌形象。可以一边创作，一边想象你会如何真实自然地讲出每一部分的内容。这会让你写稿更加流畅，同时在真正演讲时更轻松地将它表达出来。

🎙 传达重点内容

当你开始组织演讲想要传达的重点内容时，要考虑自己的个人品牌和个人信念。确保传达的内容及方式与个人品牌相辅相成，而不是自相矛盾。

这里有一点需要格外注意，演讲的所有内容在你心里并非同样重要。有些内容非常关键，甚至神圣不可替代，有些则不太重要。你需要思考一下如何让那些不太重要的内容也能与个人品牌相匹配。

自信演讲
SPEAKING WITH CONFIDENCE

思考这些内容最后通过什么样的方式讲出来才不会显得生硬。越是能够自然地讲出这些内容，就可以尽量减少尴尬的冷场，演讲就会越顺利。这些是你在演讲过程中会做出的停顿，同时你也希望观众能够趁机放松一下。如果你的肢体语言能和演讲的内容配合好，这一点就更容易实现，而且如果花时间研究非重点内容如何与个人品牌相契合，这种配合会更自然。

如果演讲之前没有把这些问题想清楚，你想表达的观点就可能无意中被自己的非语言沟通打乱。

🎤 保持可信度

每个人都知道任何一场演讲的成功与否不仅仅

第二章
打造个人品牌

取决于它的内容。无论是在构思演讲稿的阶段,还是在实际演讲的过程中,演讲者都需要清楚自己是谁,自己的个人品牌是什么。要避免让自己处在一个不舒服的位置,或者忍不住去捏造一个不属于自己的角色,这样做会后患无穷。因为观众会看穿你捏造的人设,然后从那一刻开始,他们就会自然而然地开始怀疑你的演讲中还有什么是捏造的。他们可能就会在心里质疑你演讲内容的真实性和可信度。

显然你不会想要这种结果。因此,需要利用个人品牌来保证自己的可信度。如果上述的这些准备工作你都做好了,我相信你的演讲会达到预期的效果。

演讲小技巧

- 保持放松状态下真实的自己。

第三章

演讲内容是什么

你可能曾经被要求去做一次演讲，主持一场重要的会议，向小组展示研究成果，或者为投资做宣传。这些都是演讲的绝佳机会。但我们应该从何入手呢？

确定核心内容

提前为演讲做准备，你会获得最佳的成功机会。而花时间在确定核心内容上不仅短期内对眼前的演

讲或汇报有所帮助，还能为未来的各种演讲打下坚实的基础。

在准备演讲时，你可能充满热情，零零散散地写下了一些思路，也可能垂头丧气地盯着一张白纸，寄希望于灵光一闪。无论哪种情况，你首先要做的是确定演讲的核心内容：你想说什么。这里我并不是说要大家立马逐字逐句地想出一篇条理清晰的演讲稿，而是列出演讲的大纲。

一般来说，演讲的核心内容和你为什么能够有资格在台上和大家分享息息相关。比如说，你是一位质量保证方面的专家，在这个领域经验丰富，广受尊敬。毋庸置疑你就在质量控制、标准、审计、基准测试等方面有足够的话语权。当然关于这方面，在必要时可以深入地讲述很多细节。然而，如果想

第三章
演讲内容是什么

把这些浓缩成最核心的内容,那可能会变成:为了确保产品更安全、更出色、更高效,我非常重视质量控制。

这个核心内容既是演讲的出发点,也是贯穿演讲的一条主线。它不仅可以用于演讲稿的创作,还可以用于演讲的开场白。下面就是几种演讲开场的方式。

演讲开场白要吸引观众。

🎤 展示资历

开场白的一个有效方式是开门见山地交代接下来演讲的主题,以及你在这方面的资历。无论是在

舞台上，还是其他场合，你都是受邀去做演讲，因为你有资格站在那儿。学会自信地接受这一点！不管场面是否盛大，只要能够面对观众，演讲者都会感到荣幸。所以要学会给自己加油打气，这种自我鼓励可以赋予内心站在观众面前自信演讲的力量。否则，在准备演讲时，你就会不断地对自己产生怀疑，逐渐削弱信心。为了防止这种情况的发生，你要仔细想为什么是由你来做这场演讲。

要珍视自身具备的权威，对自己的专业能力有信心。向观众传递出这种信号同样也会让他们能安心地听完演讲。不妨设想一下以下几种情况：

- 如果你在朋友的婚礼上敬酒，你可能会一开口就说："我认识新郎 30 多年了，今天我要和你们分

第三章
演讲内容是什么

享一些我们之间的趣事。"

- 如果你要向整个团队展示研究成果的时候,你可能会先说:"我是营销团队的负责人,我已经领导这个项目6个多月了。"

要建立自己作为演讲人的权威,让观众明白眼前的人是值得信赖的。这听上去很简单,但对于演讲来说是一个好的开始。

🎤 抛出引人入胜的问题

另一种开场方式或许更引人入胜,那就是抛出一个问题。例如,"在这个快速发展的时代,你的企业如何活下去?"这样做的目的是唤起观众内心深处

的反应，吸引他们的注意力，让你的演讲立马变得非常重要或生动有趣。

这个企业生存的问题接着就可以与演讲核心内容相关联——作为一名企业发展和转型方面的专家，你可以帮助观众探寻解决所在企业当前生存危机的方法。

🎤 充分运用专业知识和个人价值

按道理说，不管你是出色的运动员、美术史专家还是供应链专家，即使每次演讲的内容和角度不同，你在专业领域的知识和理解都应该始终贯穿于演讲的核心内容。

必须要牢记一点，演讲不仅仅要点明你做的什

第三章
演讲内容是什么

么,还要包括你为什么做以及如何做到的。这就成了概括之后的演讲核心内容。这样一来,你就不仅仅是一个美术史专家,而是一名对文艺复兴时期的雕塑及其与 21 世纪英国三维艺术相似之处特别感兴趣的美术史专家。这种清晰的思路可以为演讲奠定坚实的基础,就像雕塑家也需要支架作为基础架构才能打造一件完整的艺术作品。

因此,一方面演讲的核心内容要以专业知识为基础,另一方面也应体现出个人价值观,比如是什么成就了现在的你,你为什么要做这件事,你是如何完成的,这件事为什么重要以及你真正在乎的是什么。

你的价值观应该是演讲的核心。归根结底,这些价值观就是打造个人品牌的关键要素(正如前一

章所述)。

明确演讲核心是演讲内容创作的重要一步,这会让演讲的文本更加流畅。此外,阐明核心内容也会影响演讲风格和形式,因为你在演讲中传递出的个人信念和价值观一定会对演讲有影响。但正如我所说,必须要先理解透彻你想表达的是什么,否则它不可能转变为引起观众共鸣的核心内容。

以下几个问题会对思考有所帮助:

- 你想让观众产生什么样的感觉?
- 为什么他们应该听你演讲?
- 你想在演讲中提问还是回答?
- 观众从你的演讲中会获得什么?
- 如果只能讲三个要点你会讲什么?

第三章
演讲内容是什么

一旦你想清楚了核心内容,你的演讲稿就不会是空白一片。有些人已经深思熟虑过自己演讲的核心内容,可能已经将其凝练成几个词,但足以概括它们。我最喜欢的例子是一名作家兼记者马尔科姆·格拉德威尔(Malcolm Gladwell),他的第一本书名为《引爆点》(*The Tipping Point*),讲述了在某个社会背景下不曾为人所知晓的短语和概念在一瞬间就能流行起来的原因,引爆点就是从默默无闻到家喻户晓、深入人心的那个瞬间。还有一些其他的例子包括,吉姆·柯林斯(Jim Collins)撰写的《从优秀到卓越》(*Good to Great*),或西蒙·斯涅克(Simon Sinek)的《从"为什么"开始》(*Start With Why*)。这些例子都是将核心内容提炼成简单的几个字,让读者或听众一下子就能明白,并下意识地想深入了解。我们要为这些简洁明了的表达喝彩!不过,对于大多数人来说,可能需要几句话才能概括我们是谁、我们的价值观以及行为方式。

有一点需要强调的是,这些概括的句子不一定都要变成一个简短的口号,也不需要一字不差地出现在你的演讲中。我们要把这些句子看作是一个主要的框架,接下来演讲的内容要围绕这个框架去写。这会给你演讲文本的创作以及演讲时的表达带来帮助。最重要的是,演讲之后你可以用它来判断自己是否达到了演讲的目的,包括是否清晰地传递了信息,以及是否与观众产生了情感共鸣,并把握合适的分寸。

第三章
演讲内容是什么

🎙 添加细节信息

对演讲核心内容有了清晰的认知后,你可以开始思考演讲包含的细节。请思考以下两个问题:

- 你想说的到底是什么?
- 你想得出什么结论?

要确保问题的答案与先前想出的演讲大纲和费尽心思提炼得出的专业知识和价值观一致。将演讲内容和核心观点紧密相连,让演讲独具特色,生动形象,契合你想表达的个人理想、抱负和个性,这对于保持真实的自己十分重要。

这是你在准备演讲时需要去仔细谋划的内容,

然后开始梳理思路、方法和内容，想办法让它们为演讲服务。一定要根据演讲大纲和传递的价值观，为自己设定清晰的目标。你要清楚自己希望通过演讲实现的目标，既要考虑自己，也要为观众考虑。要从他们的角度想，一场成功的演讲应该是什么样子？也试着想清楚你希望从观众那里得到什么样的反应。

案例分析

科林·麦克拉伦：清晰、扣题和难忘

科林·麦克拉伦（Colin MacLachlan）曾是英国特种部队的士兵，后主持英国电视四台真人秀《特种部队：谁与争锋》（*SAS: Who Dares Wins*）和电视五台节目《英国特种部队的秘密》

第三章
演讲内容是什么

(*Secrets of the SAS*)。他擅长讲述有关韧性、团队合作、领导力、风险、行为动机、冲突解决、变革管理、谈判和绩效等话题。科林对于核心内容有三个原则：清晰、扣题和难忘。

"无论何时，当演讲者想敲定核心内容时，要考虑它如何结合自己和观众的经历，以及让自己讲述的故事和观众产生联结。"科林给出了建议，"将特种部队的任务与企业的日常运营相比较，这看上去比较跳跃，但其中的过程和技巧非常相似。大部分演讲会持续20到40分钟，只有这个时长我们能够让观众全神贯注地听演讲。"因此，想一想这段时间你想表达的要点。争取快刀斩乱麻！要专注于把控演讲整体节奏，确保演讲过程中不偏离正轨，紧扣主题！

> "变化核心内容的表达方式，结合自己的经历和众所周知的历史事件来佐证。或许一些有趣的事实观众未曾听说过。例如，前一百名最成功的企业家的每个伟大的想法，在成功前都会失败十次左右。"

将演讲原始内容融入个人风格是激发演讲热情和真实感的重要一步，这种积极的效果我们在第一章也提到过。这也是之前提到过的主动去把握演讲内容。你的目标是撰写一份属于演讲者自己的演讲稿，不仅内容要属于自己，写下演讲想要传达的信息，还要加入自己的个人情感。这就要求我们以一种舒适的方式进行演讲，要与演讲合为一体，这种表达方式可以让自己全身心地投入其中。

第三章
演讲内容是什么

案例分析

迈尔斯·希尔顿-巴伯:真情实感

世界纪录保持者迈尔斯·希尔顿-巴伯在二十多岁时失明,但他一直用演讲鼓舞人心,并以其真诚的演讲风格赢得了良好的声誉。

"你只需要向观众说出你的想法,"他告诫我们,"说出内心真实的想法。相比其他演讲者所说,你会与众不同。演讲的关键在于你传递的信息,而不是你的形象。为什么要和别人一样呢?你的演讲不必太过华丽,应该发自真情实感。如果你能做到这一点,就能打动观众。"

迈尔斯所说的真情实感无可非议,这的确是做好演讲的正确方式。

让我们再回到眼前的空白演讲稿。想清楚演讲内容之后,你要准备好将它们变为震撼人心的言语。因为你已经对想要表达的内容有了清楚的认知,所以在写作方面不会遇到太多障碍。如果你还在为演讲核心内容而苦恼,请细品本章前面提出的问题。如果你已经弄清楚这些问题,就用它们作为试金石检验一下,你所写的文字是否真实?它们是否能够代表你是谁?你是否真的为其感到发自内心的自豪?如果都不是,你就需要不断地去修改,直到你能肯定这些问题的答案。

案例分析

德布拉·瑟尔:重复、精简和删减

德布拉·瑟尔(Debra Searle)是一位企业

第三章
演讲内容是什么

家、作家和电视主持人,她曾经独自一人划船横渡大西洋,还发表过一千多场演讲。如今每当写演讲稿时,她都更乐于把观众想象成一个人,而非一群人,因为她发现这对她设计演讲内容十分有帮助。

"你的心里要有一个人,"她说道,"要想象是为那个人而写作。我发现这种创作方式非常有助于把文字带入生活,因为你会想如果我和那个人在酒吧,一起分享这个故事,我会如何讲述?我想让他记住什么?"

一旦敲定演讲核心内容,德布拉会利用三种小技巧清晰地传达给观众:重复、精简和删减。精简就是将内容凝练为一个短语或者一个字(在此基础上不断重复)。删减是指减少向观众输出

> 大量不必要的细节，以免增加负担。更好的演讲方式是向观众传递关键信息，让他们能够真正记住核心内容，最好还能将其应用在生活和工作中。

如果你能够将演讲的核心内容完美地传递出来，它们就可以对观众有所帮助和启发。你希望演讲能打动人心，对观众产生深远影响。演讲对于一些有天赋的幸运儿来说是小菜一碟，他们似乎天生就具有这种能力。但即使是直觉敏锐、表达流利的演说家，如果不能沉下心来认真思考自己真正想表达的内容，他们也会在演讲中面临尴尬的处境。对于那些并非天赋异禀的演讲者来说，不断打磨演讲核心内容是让演讲迸发出恒久魅力的最好途径之一。

第三章
演讲内容是什么

🎙 利用演讲前的紧张情绪

演讲之前感到紧张是正常现象。每个上台演讲的人都应该期待这种肾上腺素飙升或其他紧张的反应。要学会适应这种感觉,因为这是正常现象。身体分泌出一点肾上腺素会帮助你集中注意力,你可以用一种积极的心态应对紧张情绪,令其帮助你在演讲中发挥得更出色。如果发现自己在演讲前陷入了焦虑不安的情绪中,问自己一个重要的问题:为什么?

梳理演讲的大纲内容。演讲是基于你想传递的核心内容,也因此反映出你是谁。因为你了解自己内心所想,所以你应该能够很自如地表达出来。如果进入了舒适的状态,你就会感到自信。提醒自己

这一点!

一旦走上舞台,讲述属于自己的内容,展现个人风格,演讲就会顺利地进行下去。只要能够保证演讲内容真实,你开口的那一刻,就会忘记紧张情绪。

确保自己熟悉且坚信演讲内容,这就是我想要告诉大家的。

演讲小技巧

- 演讲的核心内容应该放在开场。
- 牢记专业知识和价值观。

第四章

讲出自己的故事

成功的演讲家都有一个共同点，利用这一点他们让自己和演讲紧密地联系在一起，从而让演讲变得令人难忘。这个共同点就是讲出自己的故事。

讲故事的美妙之处在于每个人都可以做到这件事。我们都喜欢讲故事，这其实也是我们日常生活中每天都在做的事情——每个人都在讲故事。

然而，有人会提出质疑，如果故事是演讲的核心，为什么经常有人在准备演讲，尤其是在做商业演讲时，会认为用统计数据和事实轰炸听众是最佳

方式？这种想法可以理解，因为翔实的信息能够建立可信度。它可以确保演讲者在观众眼中是演讲中所涉及领域的专家。然而，所有聚焦于提供海量信息的演讲都有一个重大的弊端，演讲者将很难在情感上与观众建立共鸣。而正如我们所见，这一点至关重要。

🎤 讲故事的力量

讲故事可以视为一场双赢的游戏。参与其中的人都怀揣着共同的目标，而这个目标可以通过故事来实现。演讲者讲述自己的故事，观众们享受故事，于是造就了一场成功的演讲。

近年来，越来越多的学术研究表明，讲故事是

第四章
讲出自己的故事

一种非常有效的传播方式。科学家通过研究讲故事和听故事过程中人类大脑神经网络的一系列活动，发现使用一定技巧讲故事可以帮助听众深入理解复杂的概念和观点，这种方式更有意义且让人感同身受。

人们喜欢听故事，也善于通过讲故事的方式传递信息。因此，虽然讲故事不是传递信息最直接的方式，但花时间将想诉说的事实编织成人们喜闻乐见的故事，会产生更好的效果。换位思考一下，你会忍受别人滔滔不绝地向你灌输一堆枯燥无趣的数据吗？当然不会。虽然这种演讲时长会短，但却让人感觉度日如年，而且效果不佳。至于演讲者所说的关键点，没有好的故事来加深记忆，观众们真正记住的又有多少呢？

自信演讲
SPEAKING WITH CONFIDENCE

案例分析

尼克·扬克尔：故事创作

尼克·扬克尔（Nick Jankel）是领导力和个人发展专家，是全球畅销书《开启》(*Switch On*)的作者，该书提出发挥创造力，拥抱科学和精神的革新。他曾为英国首相府、美国国务院、诺华集团、乐高、耐克、乐施会、联合利华和英国广播公司等机构组织和各大公司担任顾问，同时他还是一位广受欢迎的未来主义和创新领域的主题演讲家。他主张对每一次演讲进行"故事创作"，以确保故事情节完整、高潮迭起，也就是好莱坞电影中强调的"节奏"。

他认为演讲的故事需要一个震撼的开头和结尾，同时叙事的过程要保证连贯一致。选择一个

第四章
讲出自己的故事

好的隐喻，再将其合理地编排在故事当中也非常重要。例如，如果你想讲述一个小角色战胜大人物的故事，你可以拿大卫（David）对抗歌利亚（Goliath）[1]，1984年的苹果（Apple）与微软（Microsoft）较量[2]做比喻。或者你想讲述一个有关救赎的故事？开始故事创作的时候，需要注意故事原型、人物和传递的信息，确保它们都契合演讲主题，又不会太过复杂或自相矛盾。

"故事对我来说就像在描绘一条充满无限的

---

[1] 三千年前，年轻瘦弱的牧童大卫战胜了无人能敌的巨人歌利亚，成为以弱胜强的经典故事。——译者注

[2] 苹果1984年推出了Macintosh电脑与当时市场主流的微软IBM PC竞争，成功占得一席之地。——译者注

道路，"尼克这样说道，"我经常使用这种方法，因为如果故事没有给人带来变化和启发，那么讲述这个故事就没有意义。所有讲故事的人本质上都在尝试寻求变化。如果你是一名部落的长者，会想办法让年轻人变得才德兼备、辉光日新、崇尚文明。如果你有一家公司，想让人们做出改变，推陈出新、独树一帜，那你可能正在创造未来，打造新型公司，尝试标新立异。所有的故事本质上都是改变。所以你的故事也必须有所变化，至少你需要想清楚为什么现在的故事毫不奏效或是已经落入俗套，以及新故事为什么更好。"

第四章 讲出自己的故事

🎙 建立情感共鸣

讲故事可以将演讲中想要条条陈列出来的事实转化成有实际意义的内容，更易于观众理解。善于在演讲中加入故事的不仅可以瞬间产生共鸣，吸引观众注意力，而且还可以让观众深深记住最核心的观点。演讲利用故事关联信息，可以在两者之间建立永久的链接，帮助人们回忆。

对于演讲者来说，这种方式可以获得全方位的成功。讲故事强调当下的参与感。演讲者能够在所处的空间散发能量，让观众全情投入在讲述的故事中。不知不觉中，观众就已经踏上了你的故事之旅，而一旦他们加入其中，就大功告成。

对于那些不会百分之百专注于演讲内容的演讲

者来说，讲故事将是做好演讲的关键工具。大多数人都有过以下的经历：在工作的时候，坐在会议室里，代表团队或者公司向外界传递信息，但你本人可能对于这些内容提不起兴趣，更糟糕的是甚至不完全相信自己说的话。或者你参加了一个社会活动，必须要发表演讲去赞颂一个你并不完全认可的人或事。我可以想象到面对这种场景，你的内心十分抗拒。但这并不一定是坏事，实际上恰恰相反。

将要传递的信息穿插在故事中，你可以在两个方面取得成功。

● 第一，你可以将自己感觉单调乏味的信息内心毫无波澜地表达出来，但能让人感受到这些内容

第四章
讲出自己的故事

充满活力和朝气。

● 第二，你可以根据自己的喜好来决定信息的明确与否，以便在达成演讲目的的同时，维持现场充沛的能量和观众参与度，保证演讲能得到良好的反响。

另一个值得注意的点是，演讲者通过讲故事的方式，能够进入到一种自如的状态。人类喜欢讲故事，这一点可以追溯到史前洞穴壁画中的叙事形象。几千年来，我们创造了神话和寓言，讲述了令人魂牵梦绕的传说，也巧妙地编撰了许多角色丰富，情节短小精炼的笑话。如今，我们讲述的故事更是不胜枚举。不管是和朋友、家人还是同事交流，我们都会利用故事来吸引注意力、传递和关联信息、娱

乐和沟通，这就是将讲故事融入演讲至关重要的原因。

> **案例分析**
>
> ### 卡斯帕·贝里：讲故事的目的
>
> 卡斯帕·贝里（Caspar Berry）是一位独特的主题演讲家和励志演讲家，他通过讲述自己在拉斯维加斯度过的三年时光，如何以职业扑克玩家的身份谋生，随后又成为成功企业家的职业生涯，用全新的视角探讨了承担风险、决策和创新等话题。他在演讲中讲故事的方法是构建一系列的事件，其中囊括了观众会从中获得何种经验或教训。他认为，如果演讲者想出的故事没有包含想让听众记住的信息或吸取的教训，那就是误读

第四章
讲出自己的故事

了讲故事的目的。

"如果你是一名演讲者,关键要体现故事的重点。"卡斯帕这样说道,"我现在辅导很多演讲者,他们对这一点误解很深。讲好故事,首先要做的是在脑海中编排一场戏。你可以提前准备好诸多故事,并且每个故事都能用来论证几个观点。但最为关键的不在于故事本身,也不在于正在发生什么,而在于如何通过这些故事来表达观点,在于你要通过演讲传达出的内容。这也是在台上讲述这些故事的原因所在,故事里发生的事其实都只是服务于演讲。"

自信演讲
SPEAKING WITH CONFIDENCE

🎙 打磨叙事技巧

如果想成为一名真正的演讲者,就必须让自己讲故事的技巧再上一层楼。当成功进行了许多场演讲之后,你发表演讲的机会可能也会越来越多。这时你或许会放弃之前为了保险起见而紧密排布的故事,转向更加松散的叙事结构,这就给了你自由发挥的空间。你也会取得长足的进步,从一字不差地背稿子,然后不断地复述练习,变为游刃有余地掌握故事节奏。要做到这一点,需要更加深入地理解和运用讲故事的技巧。

讲一些题外话无伤大雅,但是绝不能偏离故事的主线。在这场由你发起的故事之旅中,你要牢记两点:目的和目的地。你要想好这漫漫旅程该从何

第四章
讲出自己的故事

处开始、到哪里结束,其中的关键节点是什么。只要你把这些想清楚、说明白,其余的内容无须一板一眼。你可以自由发挥,尤其当你能借助观众的能量时,整个故事会变得更加生动流畅。

这个技巧能够奏效的关键是充分了解故事主线。当你做到这一点时,你就会在脑中形成这场故事之旅中从 A 到 B 再到 C 的路线图,这条线路不需要提前预设,变得太过死板。这意味着"同一个演讲"你可以讲很多遍,但每次的过程无论对演讲者还是观众来说都不相同。一旦你熟悉了整个故事,你就可以反复地讲述和再现,并且基于原始故事或之前同一主题的演讲进行细微的调整。

提升讲故事技巧的最佳方式之一是观察单口喜剧演员。注意他们如何编排表演,以及讲述故事的

方式。如果可以的话，最好连续两晚去看同一位喜剧演员在同一场地的演出。这将帮助你理解同样的表演内容，包括相同的故事和笑点，是如何经过全然不同的方式展现，在观众当中获得不同的反应的。表演不会是简单重复前一晚的编排，但故事所包含的点大体相同。这就是任何成功的演讲者都应该追求的效果。因此，即使固定的表演也永远不能一成不变。无论什么情况下，一个伟大的故事都可以成就平凡的事物。

演讲小技巧

- 事实穿插在有趣的故事中会更深入人心。
- 不要偏题，确保故事传达核心观点。

第五章

理解观众

演讲的美妙之处在于，一切有条不紊地顺利完成之后，你就可以享受观众们短暂的赞誉和认可。演讲是帮助你在团队或部门中崭露头角最有效的方法之一，并且可以让你迅速获得晋升机会。诸多关注和认可自然会带来一些后果，那就是这些演讲者会感觉自己是演讲的主角和焦点。但我在这里要打破这种幻想。

事实上，观众才是演讲的主角，他们才是演讲现场最重要的人物。你演讲的成功与否实际上都由

观众来决定。

虽然，毋庸置疑的是你可以把握如何呈现这场演讲，但是观众才是这场表演的裁判。因此，演讲的主角是观众，而并非演讲者。

这其实对于演讲者来说是一件好事。因为一旦你明白了这一点，就会放下包袱，如释重负。你就不会再如此恐惧舞台，因为你清楚你不是这场演出的主角。不妨试着这样想！这一定可以帮助你获得更为广阔的视角。

🎙 确保简报信息全面

将观众视为演讲焦点是一种缓解紧张情绪的有效方法，但其意义远不止于此。首先，这样做是为

第五章
理解观众

了强调了解目标观众的重要性。你肯定不希望凭借臆测形成对观众的印象。了解观众身份以及感兴趣内容的正确方法是进行"简报"。"简报"这个词可能会让人联想到进行一场正式的会面或电话会谈来讨论某个议题。虽然对于重要事件或会议来说的确如此,但实际上简报的形式多种多样。本质上来说,我提出的是收集关于观众的关键信息,从而帮助你形成演讲的风格,这对于演讲内容也有指导意义。

准备演讲的过程中,演讲者应该确定已经掌握的信息以及需要进一步了解的信息。例如,如果你要在内部会议或者家庭活动上发表演讲,那么你已经对观众了解比较充分。这时候可能只需要记住已经知道的信息,或者单独了解特殊人员的细节信息。还有另一种情况,如果是受邀在商业活动中发表演

讲，你就需要更深入地了解一些信息。多年来，我听到过很多演讲者会提出问题或组织简报会议，他们用的方式各不相同，但归根结底都想获得下面这些问题的答案：

活动的举办方和利益相关方（两者可能相同也可能不同）举办活动的整体目标是什么，以及接下来要发表的演讲具体要达成何种目的？

● 他们衡量这些目标是否成功达成的标准是什么？

● 观众的身份是什么，当前的感受如何？

● 活动的举办方和利益相关方（注意两者可能不同）希望观众在听完演讲后有什么样的感受、会说出什么话或做出什么反应？

第五章 理解观众

● 演讲之前一定会出现什么情况?

一旦得到了这些问题的明确答案,你就可以详细了解演讲的背景,以及你身上承载的期望。这样一来,你就可以准确地判断观众想要听到的内容。

案例分析

乔纳森·麦克唐纳:U形曲线

创业家和主题演讲家乔纳森·麦克唐纳(Jonathan MacDonald)是一位研究商业模式转变方面的专家。他表示在参加任何简报会议之前,他都会认真做好功课,而且会经常搜索和公司有关的最新新闻。乔纳森说:"我会关注所有新公告或新变化。如果面对的是一家上市公司，我会查看股票价格。我会查阅所有高管的重大变动，是否有首席执行官离任或者新首席执行官走马上任。接下来我会查看领英（LinkedIn），看看我是否认识这家公司的现任员工或者前任雇员。

有些时候我会浏览社交平台上的动态，看看是否有人评价公司的好坏。我还会在推特（Twitter）搜索，了解当前相关的热点话题。如果看到带有主题标签的帖子，例如新产品之类的主题标签，我会查看该主题标签下的内容和评论，看是否存在特别正面或负面的评论。我想寻找的是U形曲线。大家可以想象一个U形曲线，左上角是极其反对，右上角是十分认同，但对于U形底端的部分我不太感兴趣。我想了解的是真

第五章
理解观众

正脱颖而出或者一塌糊涂的东西。"

所以做这一切是为了什么？如此一来，在简报会议之前，乔纳森就可以了解为什么公司需要举办这次活动。"例如，在 12 个月或者最多 18 个月之前，有一位新首席执行官上任，基本上是会举办团建活动，以鼓舞人心。再举一个负面的例子，一家快餐连锁店在社交媒体上被铺天盖地的负面新闻淹没，那么它举办的会议通常是以'我们高度重视团队'为幌子的员工关怀和企业文化会议。但实际上这场会议想强调的是'我们在网上遭到公众攻击，我们不希望员工也加入反对大军，所以要举办一次人文关怀和文化活动来告诉员工在这里工作是多么幸福'。在简报之前了解 U 形两个顶端的倾向对预先了解客户需求非常有用。接下来在你接到客户电话的时候,你会感到十分惊喜,因为你得知客户要举办一次高管激励的活动,但你事先就已经知道了原因。这样做非常有用,因为你在简报会议之前就自己得到了'预简报'。"

事先了解观众的角色非常重要。如果他们没有权力做出公司改革的决定,那么敦促他们进行全面改革将毫无意义。这正是乔纳森在获取简报阶段非常重视的事情。

"考虑在场观众是否有权做出任何改变非常重要,"乔纳森说,"你所说的内容对于观众来说是否可行。我对观众的分类依据是他们所处职位的重要性。因为如果观众是初级项目团队的成员,他们不控制预算,也做不了任何关键决策。

第五章
理解观众

如果观众是企业的中层，告诉他们企业需要转型，同时需要将一半的利润投资于创新渠道将毫无意义。"

"而且这样做相当危险。你的演讲可能让观众因为认为自己能力受限而感到沮丧。同样地，当你的观众是负有预算职责的高管团队，如果你与他们讨论公司的组织架构和通过晋升获取地位的重要性就是在班门弄斧，因为他们已经足够了解这些，而且也做到了你所说的内容。所以这种演讲是在向观众还原他们过去十年做了什么，这会让你无功而返！"

自信演讲
SPEAKING WITH CONFIDENCE

🎤 了解观众预期

值得注意的是，完整呈现一场演讲可能会牵扯到很多不同的利益相关方。企业内部高管与企业外部股东可能会从不同的视角来看待这场演讲。演讲者对这些个人或群体的期望理解到什么程度可能取决于活动的重要性。但是作为演讲者，越了解观众对你的期望以及演讲所处的氛围，就可以越充分地准备演讲，并且演讲成功的可能性也会大大增加。

实际上，不仅是各种活动的利益相关者才有不同的期望（理想情况下期望差异较小），更进一步来说，无论在什么样的场合演讲，台下的每位观众都会对演讲者抱有不同的期望。但这并不代表你需要征求每一位观众的意见。你可以这样做，虽然往往不可能做

第五章 理解观众

到,你也会因此消耗大量时间,而且收效甚微。尽管如此,你还是可以对观众的期待进行初步的设想。

最重要的一点是观众需要娱乐和享受。观众的确可能希望获取信息、受到鼓励或启发等,但他们一定想要找点乐子。没有人想做无聊而且自己不感兴趣的事。因此演讲有一条不成文的硬性规定,那就是表演必须要有趣。这就重新绕回了之前章节所提到的讲故事,它在演讲中起到的作用非同小可。你需要通过演讲风格以及分享兼具娱乐性和启发性的故事来取悦观众。

案例分析

本杰明·赞德:亲密接触

世界著名指挥家本杰明·赞德(Benjamin

自信演讲
SPEAKING WITH CONFIDENCE

Zander）是波士顿爱乐乐团的创始人。他将古典音乐与成功的领导力主题演讲生涯结合在一起。他喜欢逗得观众捧腹大笑，但也警告演讲者绝不能以诋毁他人为代价，否则将会失去一半的观众。本杰明在TED演讲[1]中走下舞台，走到观众席中间的经历广为传颂。他对这件事的回忆也深深启发了我们，说明了理解观众和与观众互动的重要性。

"我站在舞台上，面前观众席中央有一条走道，这样我就可以从舞台走下来，进入观众席中

---

[1] TED是技术、娱乐、设计（Technology, Entertainment, Design）的缩写，是美国的一家私有非营利机构，该机构以它组织的TED演讲大会著称，这个会议的宗旨是"传播一切值得传播的创意"。——编者注

第五章
理解观众

演讲，这感觉就像在酒吧里和他们交谈一样。"本杰明回忆说，"因为在舞台上演讲，不可以躲在后面，也不可以照本宣科，否则就会让观众失去兴趣。相反，如果你真的想和观众分享你内心的满腔热情，就应该尽可能靠近他们，真诚地看着他们的眼睛。人们经常对我说'我以为你只是在跟我说话'，这么多人都做出这样的评价，说明我所言不虚。他们这样说的原因是我演讲时会环顾四周，不拿笔记、纸条和麦克风。我四处走动，就像在和某人交谈一样，让人感觉那个人很重要，我也是在真的关心他。"

本杰明的演讲方式对于大多数人来说可能过于极端，但这充分体现了演讲者的热情和激情可以给观众留下深刻印象。

🎤 敲定演讲风格和内容

现在将目光转移到演讲的具体要求。

🎤 充分准备是关键

简报阶段能够充分阐明演讲的重要意义。例如，如果你要在一个会议上发言，就需要清楚自己的演讲如何与总体主题和其他演讲者主题相配合，从而避免演讲内容重复。举办方是否更新了参会代表的信息、是否广泛调研过目标观众或者分享了特殊行业的统计数据？借用简报的机会提出这些问题（如果他们没有主动提供相关信息）。此外，和举办方的简报会议有时会有参与活动的其他几位关键人物加

第五章 理解观众

入，这将确保演讲者能够更清楚接下来的现场氛围以及观众期待的演讲风格和内容。

🎤 提前到达演讲现场

我将在第七章更详细地讲述演讲当天的日程安排。但是我要在本章借用小小的篇幅来提醒各位一点：尽可能提前到达演讲现场。我提到过简报不一定是十分正式的会谈。实际上，简报可以视为演讲之前一个持续进行的环节，在这个过程中，演讲者会收集所有有助于准备和发表演讲的信息。这个过程可能发展成一场大型的正式简报会议和一系列小型简报交流，后者会有更多主动权。

提前到达演讲现场可以为演讲者提供一个很好

的机会，能够在上场前最后几分钟获得一些可能非常有用的简报信息。你可以感受现场的氛围，调整合适的演讲语气和情绪。如果有机会和参会者聊天，你可以把他们说的话或行为临时添加到演讲中。但这不是在建议你应该推翻精心策划和准备的核心演讲内容，它只是会让你做出一些微调，但这些细微的调整可能会产生与众不同的效果。

> **案例分析**
>
> **帕特里克·迪克森博士：如何读懂观众**
>
> 著名的商业思想家帕特里克·迪克森博士（Dr. Patrick Dixon）经常被媒体誉为欧洲杰出的未来主义学家。他主张在发表演讲之前要把握听众的脉搏。"我其实在到达演讲现场的那一刻

第五章
理解观众

起就开始了解观众。我会尝试与人交流，在吧台闲谈，和现场的人打成一片。同时我还会参加活动前一天的晚宴，这也非常有帮助。我讨厌干坐在椅子上，因为这样只能是两个人的对话，所以我会四处走动，站在自助餐台旁边。我不是想吃饭，我只是想和更多的人聊天。而且闲聊听来的小故事可能会成为第二天演讲的神来之笔。你可以说'昨晚我和杰里米（Jeremy）聊了会儿，然后发问：杰里米在哪里？接着说杰里米告诉我可以和大家讲……'一下子你为这场演讲又增添了几分真实性。"

像我说的那样，帕特里克认为了解观众关心什么至关重要，并热衷于捕捉他们的故事。他能非常敏锐地感知现场的整体氛围，他只要有机会就观察观众从聚集、交谈到进入现场就座的过程,然后进入到那种氛围。

"你一下子就能知道很多问题,"他提到,"比如现场气氛是热闹还是平淡?观众之间的关系是什么?他们是什么性格特点?这太有趣了。而且每位观众都有独特的个性和不同的文化背景。比如说,我可能会和一群银行业从事风险管理和法律顾问的人攀谈。而第二天,我可能会和从事市场营销的人或者建筑师一起谈论智慧城市。难以置信,有这么多不同背景的观众!而一个国家的内部也包含不同文化,所以你会感受到周围的气氛。所以无论前期准备做得多么好,都不会完美,因为组织方并不一定能提供我们进入现场观察到的这一切。因此,有可能现场观众比

第五章
理解观众

> 我预想或者告知的年龄大得多或者年轻得多。或者出现我预估观众性别相当,但现场来的大部分是女性,诸如此类的情况。"

充分利用演讲前与观众闲聊互动时获得的信号和提示,及时调整演讲的内容和语言组织,这会让你更有把握。使用观众熟悉的短语或缩略语这些简单元素,可以提升观众的体验感。演讲时提起观众或先前的演讲者及其所讲内容也可以帮助演讲者与观众建立更加紧密的联系。这些细微的调整,尤其是运用在演讲开始的部分,会决定演讲者是否能够赢得观众的信任,决定了观众是否可以把演讲者视为可以交流的人,而不是对着他们夸夸其谈的人。这种"我们和他们"的感觉,或者"我和他们"的

感觉，会阻碍演讲成功。因为如果观众感到与演讲者不在同一频道，并且感觉在被无情地说教，他们就会感到没意思。如果走到这一步，演讲就宣告失败了。

相信自己的直觉

虽然演讲当天在心里对观众做出判断是合理的，但必须要注意不要在简报阶段收集太多的观点。虽然每个人的意见和期望值都稍有不同，但收集信息获得的收益到达一个节点便会减少。关于这个节点，没有什么规律或者公式供我们参考，因此这时你需要靠自己的直觉。显而易见的是你不希望收集信息占用太多的时间。

第五章 理解观众

如果与太多的人交谈还会导致一种危险情况，那就是影响你的演讲质量，稀释你的演讲冲击力，因为你可能会试图迎合太多人的想法。记住不管做什么，你都需要坚守演讲核心内容和个人品牌，并且把注意力主要集中在活动主办方提供的简报信息。

明确成功标准

最后，我要回答每位演讲者都关切的简报相关的问题。这也是与演讲创作和呈现密切相关的重要问题——如何衡量演讲是否成功。我在过去几年看到过很多次这种情况，那些提供简报的人无法提供一个好的答案，因为他们不知道何为成功的演讲。有时他们甚至没有想过如何衡量成功，这种做法显然不可取。

在专业场合下，通常在演讲结束后便会立即使用反馈表对观众的反应进行评估。在较为随意的场合下，衡量成功的标准可能是演讲结束后观众的掌声和整体反应。然而，如果举办方想要的不仅仅是娱乐效果，他们可能希望演讲能够带动一场变革，或者唤起观众产生更多的情感共鸣，这时如何衡量演讲成功与否会变得更具挑战。

虽然确立演讲成功的标准会很难，但最好试着这样做。如果活动举办方不愿意谈论这个话题，你就要在简报中主动提出来。这样做可以让举办方仔细思考，然后接下来的讨论内容就会有助于化解潜在的误解并提供有效指导。在上台之前，演讲者需要确保演讲内容符合举办方的期望。

第五章 理解观众

但如果你既是活动组织者又是演讲者呢？例如，你作为团队领导向成员进行展示汇报。这是否意味着简报阶段就变得毫无意义呢？我认为不是。就像别人向你提供简报那样，自己也要给自己做简报。确立成功的衡量标准时要严谨。对于演讲者来说，不能简单地把标准定为让观众度过愉快的时光，或者认为这只是练练手让团队了解情况。你需要越过这些浅显的目标，真正确定你想让观众从演讲中感受到或是学到什么。即使你是老板，在你的演讲中，也要牢记观众才是主角。

演讲小技巧

- 尽可能获取演讲举办的目的以及观众身份。
- 确立可衡量的演讲成功标准。

第六章

融入现场

想要准备一场成功的演讲绝不能局限在演讲本身。有一个关键因素经常会被我们忽视,但每一位演讲者都应该重视起来,因为它可以帮助我们状态更放松,对于演讲稿的把握也会更加自如,这个关键因素就是演讲现场的环境,而且并不仅仅是场地环境。

🎤 清楚着装风格

首先,演讲的着装需要舒适。每一种活动都有

其潜在的着装规范,用以奠定整场活动的风格和基调。即使在公司内部会议上,大家也会默认日常商务着装,可以代表组织或团队。演讲者自然应当谨慎考虑着装规范,不过也应该注意是否舒服自然。此外,演讲者还应该考虑着装是否能反映出演讲的内容和风格。这时需要在心里默默问自己:"我的造型是否彰显了我的个人品牌?"

我参加过的许多活动,尤其是颁奖典礼,主持人通常是喜剧演员。正如大家所想,这些场合都是正式的晚宴。然而很多喜剧演员不会穿得很正式,因为他们认为如果要保持幽默感,就需要穿得舒适。我从未见过活动举办方指责主持人着装不规范,观众也不会对此有意见。无论是举办方还是观众,都更在乎喜剧演员是否幽默风趣、能否把控全场。

第六章
融入现场

我曾经和许多专注于创新创作领域的杰出演讲者合作过。他们会坚持穿与其思想和行为举止相契合的衣服,因此相比于场下西装革履的观众来说,他们的衣着打扮会更加随意。他们对此也给出了自己的理由:如果要进行创造性思考(或者在演讲时讨论如何进行创造性思考),他们就需要合适的环境才能迸发灵感。这个理由显然无人能反驳。

从现实一点的角度来看,着装需要灵活,有时候也需要妥协。例如,如果你要在一场婚礼上发表演讲,向新人敬酒,参加婚礼庆典上的其他人都穿着正式,只有你穿得很休闲,这会让人感觉非常违和,甚至很可能遭人非议。但如果你只是觉得解开领带会更舒服,那就尽管这样做就好。相信我,人们更关心精彩的演讲(由一位看起来顺眼的演讲者呈现），而不是一直盯着一条领带。

　　这种方式同样也适用于商业活动。如果你感觉脱掉西装外套和解开领带更舒服，并且更符合自己的风格，那就这样做吧，因为这样做是为了让自己进入最佳状态。

🎤 熟悉环境

　　下面来谈谈之后演讲所在的环境。你需要为自己打造一个最为舒适放松的环境，这样做让你能够以合适的演讲风格和内容形式与观众建立联系。如果按照下述的步骤进行，你可以更容易专注于呈现演讲。

　　优秀的演讲家总是看起来十分从容，因为他们让自己融入了周围环境。这个环境包括两个方面，整个

第六章
融入现场

场地和舞台或者演讲的空间。我们先从场地入手。

🎤 场地

演讲的举办场地可能是一个会议室、活动空间或者会议中心。如果能在演讲前抽出时间来考察一下场地，会有利于优化演讲的视觉效果。即便无法亲自到场查看，也要尽可能多地了解一些场地细节。你可以在网上搜索实拍图，询问活动举办方，或者直接给场地致电。

🎤 布局

演讲现场的布局，特别是观众席位的安排，会

影响演讲者采用的演讲风格,以及演讲是否能完美呈现给现场的每一位观众。有些布局对演讲者来说充满挑战。经验丰富的演讲者会调整演讲风格并且使用一些小技巧,以便让所有观众都能参与其中,这取决于不同的场地布置方式,例如卡巴莱式(观众围坐在圆桌前)或剧院式(观众按行列坐)。此外,演讲者与观众之间的距离会极大地影响观众互动和现场产生的能量,最终决定演讲是否成功。

如果有机会的话,你应该尝试调整现场的布局。你可以提出以下几点要求:

- 尽量缩短和观众之间的距离。
- 保证观众有清晰的视线。
- 提供一个高出地面的平台,以便观众都能看

第六章
融入现场

到你(不一定是舞台,但需要一个能够让你一眼就看到现场最后一排的高台)。

- 为观众和演讲者提供合适的灯光照明。

对演讲者来说最好的布局一定程度上取决于个人喜好。不同演讲者喜欢的布局可能有所不同。不要害怕提要求或者提前参观场地,这样才能做好充分准备而且有机会调整到适合自己的现场布局。如果出于某些原因无法做到这一点,至少要在当天给自己留出时间熟悉现场,在演讲之前来回走动一下。熟悉环境肯定会比一无所知的效果好。不要让自己第一次进入现场就要在观众面前讲开场白,这可能会让你很尴尬。

自信演讲
SPEAKING WITH CONFIDENCE

🎙 技术细节

接下来，我们需要考虑现场技术方面的细节。最先考虑也是最重要的一点是音视频（AV）和灯光。如果演讲的活动现场有专业的音视频团队负责布置舞台，那么他们就是演讲者的最佳搭档。他们会控制音效和演讲会使用到的所有视觉效果，这些都是确保演讲成功的重要因素。作为演讲者，你应该确保这些搭档能够理解你的需求，并给予他们正确的提示。你需要和他们一起走一遍流程，这样你们的合作才能天衣无缝。

使用音视频设备意味着现场需要演讲者使用麦克风。这个设备非常关键，你应该明确自己的喜好。你更喜欢手持麦克风、领夹式麦克风还是耳机式麦

第六章 融入现场

克风？请提前告知举办方你需要的麦克风类型。提出这样的要求百利而无一害，因为正规的举办方都清楚让演讲者感到舒适非常重要。

舞台布置

下面直接进入到关于舞台布置的讨论。有些演讲者需要不停地走动来保持状态，而有一些演讲者则更喜欢站在讲台后发言，因为他们可以放笔记本，同时手扶讲台边缘会让他们安心。通常来说，举办方会以特定的方式布置舞台。然而，演讲需要确保这种布置最适合你的表达风格。这就意味着你需要和举办方交流，确保他们能够满足你的需求。虽然举办方最初设想了一种舞台布置方式，但这并不意

味着你不能去改变它。就像讨论麦克风类型一样,如果他们足够专业,应该乐意接受最有利于演讲者的方式。所以,你只管提出要求。

> **案例分析**
>
> ### 奈杰尔·里斯纳尔:"动物理论"
>
> 奈杰尔·里斯纳尔(Nigel Risner)是一名杰出的励志演讲家和主题演讲家,他专注于人类发展和赋能,在个人工作中出色表现。他提出了著名"动物理论",并在《这里是动物园》(*It's a Zoo Around Here*)一书中进行了阐释,描绘了更为高效交流的新规律。书中描述了参加活动成员的四种沟通风格,将他们喻为狮子、大象、猴子和海豚,用以展现成员之间良好的化学反应如

第六章
融入现场

何增益团队。

奈杰尔总是会早早出现在演讲现场,检视现场的环境,确保他和参与活动的其他人都能感到舒适。"作为一名专业的演讲人,我是受雇来发表演讲,因此如果现场是一个礼堂,那就要接受并且适应它,"他说道,"但如果我有机会选择,比如他们问我'你想要什么场地',那我一般会要求现场布置成卡巴莱式。我会要求每张桌子之间留有空间,以便我能来回走动。我还会要一个稍高出地面的平台,但是不需要那种很大的舞台,因为我想尽可能地靠近观众。"

虽然有的演讲者希望尽量减少观众参与,但奈杰尔非常注重和观众互动。他不喜欢观众席一片昏暗,所以会要求音视频团队为其提供足

够的照明，清楚到他能看到每位观众的眼睛。此外，他每次发表演讲时都会带上一套演讲专用道具包。

"我一直会随身携带一些道具，我会带着彩笔以便在白板上写字，还会带纸贴在墙上。另外我还会带着我独有的动物帽子。我还会带一些好东西和观众分享，所以我一直会随身带着一个小手提包，而且我从来不会把它托运，因为有它在我才有安全感。"

案例分析

阿德·阿迪潘特：保险措施

电视节目主持人、奥林匹克轮椅篮球运动员阿德·阿迪潘特（Ade Adepitan）每次演讲前都

第六章
融入现场

会提出相同的要求,因为他认为最好有一个固定的流程安排,这样一旦有意外事件发生,他可以更容易去回溯他的方案,看看是哪部分发生了变化。"我通常会和主办方交流,让他们知道我要做什么以及需要什么才能呈现最佳的演讲效果。"阿德解释说,"除非遇到真正紧急的情况,否则我会尽力遵照流程安排,确保一切都按预期进行。"

保险起见,阿德参加每次活动时都会带着手机,并且将提醒事项记录在备忘录中,这些事项通常包括他想要在演讲中传达的要点。他还会带上充电宝给手机充电,以及两个U盘,里面储存着他演讲所需的PPT,并且在手机上保存PPT文档,以备不时之需。

如果是参加像团队会议这样的非正式演讲,仍然需要考虑讲台的布置。但你可能无法重新将会议室调整成自己偏好的布局,尤其是在房间里有一个大会议桌的情况下。尽管如此,你还是可以做一些细微的调整,这也会产生不同的演讲效果,比如可以提前规划好站位。

为自己做好充足的准备可以减少不确定性,这会大大减轻演讲的压力,也会让自己感觉志在必得。

案例分析

乔恩·卡肖:幸运仪式

有些演讲者认为某些特定的行为会给他们带来好运,所以演讲时就会遵守这种幸运仪式。英国杰出的印象主义演员乔恩·卡肖(Jon

第六章
融入现场

Culshaw）在颁奖晚会和晚宴上演讲时就一直会坚持一个有点古怪的习惯。

"知道那个写有自己名字的餐巾吗？"乔恩说，"出于某种原因，我总是会带着它。我会把它放在内侧口袋里，从活动开始时就放进去。我不知道为什么，但我就是想这么做。它好像会给我带来某种心理暗示。"

演讲小技巧

- 提前熟悉演讲场地。
- 根据自己喜好要求调整演讲场地布局。

第七章

演讲日

时间来到演讲当天，你前期已经做过大量准备工作，为呈现一场完美的演讲奠定了基础。这时候你已经蓄势待发，但上台前的那一刻非常关键，做出适当调整会让演讲效果变得更好。

🎤 进入舒适状态

想办法进入到舒适状态，这样做目的是让自己处于演讲的最佳状态。虽然你还是会感觉紧张，但不会感觉不舒服。这种紧张情绪不会妨碍你,反而会帮助你更专注于演讲。当你开口讲话时,你不会感觉仿佛如临大敌一样紧张,而是松了一口气,这会令人心情愉悦,让表达更加自然流畅。

观察场地

正如前一章所提到的,提前到达演讲现场十分重要,这样你就能十分清楚现场环境。演讲前检查要发表演讲的场地,确保座位按照自己的偏好安排,特别要检查事先与举办方确认过的事项。如果有音视频团队参与,你需要找到他们并与其沟通,告知你的想法。他们会乐意帮助你,因为他们也希望呈现出最佳效果。

第七章 演讲日

案例分析

玛姬·阿尔方西：感受氛围

我们在前一章中讨论了如何感受和适应演讲现场的氛围。美国橄榄球联盟前国际球员玛姬·阿尔方西（Maggie Alphonsi）率队夺得过世界杯冠军，并作为英格兰队成员，创下了女子六国橄榄球锦标赛七连冠的记录，在世界女子团队运动中赫赫有名。现在她是一名专业媒体人，还是一名多才多艺的演讲家。每次演讲的当天，玛姬总是会想方设法提前到达现场，然后根据现场氛围调整自己的情绪状态。

"我一般会根据演讲当天现场的气氛调整演讲，"玛姬说道，"我会准备一些关键的幻灯片和视频内容，但至于我如何表达这些内容，都取决于现

> 场的观众和气氛。为了能够感受和适应现场环境，我通常会尽量早到，倾听在我之前发言的演讲者，并且会和现场的参会代表及工作人员交谈。"
>
> 玛姬没有演讲前的幸运仪式，但她通常会先介绍自己，并确保幻灯片和视频都能正常播放。"我还会提前一周把幻灯片发送给客户，确保他们收到并能够在他们的系统中正常使用，"她补充说，"此外，我会在开始演讲前喝一杯咖啡，保证头脑清醒，万事俱备。"

融入现场

演讲前和参会人员进行交流会有所帮助，这样

第七章
演讲日

你还可以顺便透露一点关于演讲的内容。这种交谈不仅可以让你了解参会者之间的气氛,从而对演讲做出微调来迎合观众,还可以与一群陌生人建立友好关系,让他们开始期待这场演讲,同时也感受到他们与你的微妙联结。如果你能够在现场做到这点,就可以为演讲打造一个好的开端。甚至在登场之前,你就已经开始吸引观众,让他们感到振奋,无形之中成为你的支持者。

如果在你演讲之前还有其他演讲者的演讲或者发言,听一听他们的演讲,这有助于进一步地了解观众。

案例分析

法拉·斯托尔:三思而后说

"坐在后台观察你的观众是一件很有意思

> 的事",法拉·斯托尔(Farrah Storr)这样说道。她是现任《她》(ELLE)英国版的主编,曾经是《女性健康》(Women's Health)和《时尚》(Cosmopolitan)两本杂志的主编,著有《突破舒适区》(The Discomfort Zone)一书,探讨了挑战和变化如何激发人类的创造力和潜力。"这意味着你要开始酝酿你要说的话。看一看,现场的年轻女性多吗?还是有很多老年人?尝试讲一些能够引起目标观众产生共鸣的趣闻逸事。"

融入语境

要特别注意其他演讲者的演讲关键内容和当天

第七章 演讲日

使用的语言,包括演讲者的发言和行业通用语言都要注意。在演讲时可以适当地模仿使用这些语言,但不要太刻意。这可以让你的演讲衔接得更连贯,让观众感觉熟悉,从而更加吸引观众的注意力。使用这些语言甚至可能会隐约产生亲切感,让观众把演讲者视为"我们的一员"。如果你能运用恰当的语言和话术,观众会认为你很了解他们。

此外,演讲之间的衔接和连贯可以更好地融入语境,这会让观众更加轻松。他们想要享受演讲,而不是浪费时间去弄清楚演讲和之前的内容是否相符。如果你的演讲能够帮助观众顺利地衔接一些关键内容,就向成功迈出了一大步。

自信演讲
SPEAKING WITH CONFIDENCE

案例分析

凯瑟琳·毕晓普：保持新鲜感

奥运会赛艇运动员和外交官凯斯·毕晓普（Cath Bishop）经常谈论关于如何克服挫折和其他困难的主题。她坚定地认为需要将演讲当天得到的新信息融入演讲中。"你越能融入自己演讲前的经历，或者与现场观众息息相关的事件，你就越能和观众建立联系，他们也会知道你不是在重复拼凑之前的演讲片段，"凯瑟琳说，"在活动期间，特别要留意和学习其他演讲者的语言表达，这样你在演讲时就可以帮助观众强化和串联很多信息，让他们更加理解现场的主题，而不会让他们无法将现场所有演讲内容联系在一起，然后感到困扰。"

第七章
演讲日

"这还有助于缩小'内部'演讲者和作为'外部'演讲者的你之间的差距,让所有的演讲内容可以相互强化和关联。这样做还能让你的演讲充满新鲜感,从而更好地讲述你与其他组织机构相关的故事和经历。"

凯瑟琳将参加活动时倾听其他演讲者和领导者的演讲视为一种持续专业发展(CPD)的形式。她想要学习他们演讲传递信息所用的技巧,并经常记下能够产生共鸣的故事。"如果我记下这些笔记,演讲想要自然衔接某些关键点时,脑海中就会浮现出笔记的内容。"

凯瑟琳认为调整心态去适应非常重要。她告诉我,她经常感觉自己在适应环境,但这实际上只需要一些细微的调整。虽然"有时这些调整看

> 似微不足道，却十分关键，这会让演讲与观众、场地和气氛更加紧密地联系在一起，也会让演讲更加真实"。

准备上台

许多演讲者都有自己专属的一系列仪式帮助自己进入演讲状态。这不仅可以帮助自己调整好心态，还可以分散注意力，减少难免会产生的紧张情绪。

上台前不是反复练习演讲的时候。最好的练习时间是在演讲前的几天。你在上台前应该已经反复练习过，而且非常熟练。上台前的最后几分钟非常宝贵，在这段时间疯狂复述演讲文稿不会有所提高。

第七章 演讲日

这样做不会帮助你更好地记忆或者呈现演讲。事实上，你更有可能淹没于困惑和焦虑之中。所以，不要试图这样做。但你可以在上台前重点去回顾几个关键点或者故事。

🎤 把控内容

随着上台时间越来越近，你需要找一个安静的地方静下心来做最后修改。这时候你要将现场观察之后总结的要点或语言方式变化加入到演讲中。有一点特别需要强调，那就是在这个阶段不要大篇幅修改演讲稿。而且要时刻保持语气和个人品牌意识。不要受其他演讲者影响，用不适合自己的语言表达方式修饰演讲内容。

自信演讲
SPEAKING WITH CONFIDENCE

如果你拿不准某些内容是否适合自己的演讲，那就不要用。临上场前，如果想要给演讲增加一些新内容，一定要确保它们有价值，能够给演讲锦上添花，并且能够帮助观众理解。演讲中赌博式的"碰运气"并不可取。

案例分析

凯瑟琳·毕晓普：安全保障

凯瑟琳·毕晓普在刚开始演讲时，通常会撰写一份内容详尽的演讲稿。但随着时间推移，她的创作方式开始发生变化。现在，她会列出一个简洁的大纲，内容通常不超过半页A4纸的篇幅，然后再将这些文字提炼成关键要点。

"我一直会带着一张笔记卡片，上面记录着

第七章
演讲日

> 演讲大纲结构和要点、开场和结尾的故事。这些内容我会在演讲前 24 小时内写出来，通常是在去参加活动的路上完成。上台前一小时和几分钟的时间内，我会再次阅读它们，然后尽可能去记住。"她说道，"几乎每次我都会把这张卡片带到舞台，要么放在讲台上，要么折成小块放在口袋里。我从不看它，但它是一种安全保障，以防我在台上出现手足无措的情况。不过幸运的是，这种意外还没有发生过。"

上场演讲之前，不妨花几分钟平复心情，让头脑冷静。默默告诉自己演讲一定会顺利进行，利用这段时间提振信心。多想想自己为什么受邀来演讲，相信自己的信誉和资历。想象演讲结束时观众的反

应，这次演讲会给他们怎样的影响。这是给予自己积极心理暗示的最佳时机。相信自己一定能成功，想想观众热烈鼓掌的场景。

🎤 化解最后关头的紧张

我猜当你拿起这本书时，紧张可能是你最担心的问题。很多人在准备演讲时都会放大紧张情绪，因此这一点是每位演讲者都会面临的重大挑战之一。而上台演讲前的几分钟，紧张情绪会达到顶峰。无论演讲者多么出色或者经验多么丰富，这种紧张感都不会消失。所以我们面临的问题是如何进行情绪管理，并且化紧张为动力。如何将紧张情绪转化为振奋人心的肾上腺素，为你在舞台上提供能量，帮

第七章
演讲日

助你更加专注于演讲?

　　一个关于我演讲职业生涯早期的故事可以回答这些问题。我当时正在与一位非常知名的演讲者合作,他是一位退役的体育明星。多年来,我在各种出版物上看到了很多关于他的故事,显然他也不需要通过专门做演讲增加收入。在他第一次演讲上台之前,我看得出他的紧张,但他身上也充满能量。紧接着他走上舞台并呈现了一场完美的演讲。我一边惊讶一边观察着,然后做出了判断,他只是因为第一次演讲而紧张。然而几天之后,同样的情形再次上演,这突然引起了我的兴趣,因为他表现得非常明显。演讲之后闲聊时,我问他为什么要让自己这么紧张。

　　演讲者跟我说,他在上台之前的感觉就像是体

育生涯巅峰时上场前所感受到的一样。他知道如何利用紧张来帮助他发挥出最佳表现。紧张不应该一直被视为消极的情绪。你可以重新把握与紧张情绪之间的关系,让其转而帮助你在舞台上打造一场令人难忘的现场演讲。

对我来说,这不是忽视或者轻视紧张情绪。相反,它是在充分利用紧张情绪,将其转化为积极能量的催化剂,让演讲者能够在演讲中发挥得更出色。就像顶尖运动员一样,在比赛前或者进行比赛时需要让自己紧张起来才能展现最佳水平。

案例分析

法拉·斯托尔:情绪调节

法拉·斯托尔在上台之前,会做拉伸和深呼

第七章
演讲日

吸作为准备活动。"但我的内心也告诉自己,这是在挑战自己,要保持兴奋而不是害怕。这一点非常重要,因为大多数人,包括我自己,在上台前都会感到头晕目眩、心跳加速、手心出汗。显然,正确应对这种感觉对演讲来说至关重要。如果你认为这是内心在表达恐惧,那么你就会被轻松击溃。但如果你将它们视为兴奋的表现,毕竟兴奋和恐惧在身体表现上相似,不可思议的一幕就会上演。你的呼吸会变得更畅快,血液循环加速,氧气也能更快地到达大脑,这意味着你的思维会愈发清晰和敏锐。这对我来说是翻天覆地的变化。"

关于紧张这一问题,我在过去几年咨询过很多

杰出的演讲家，得到的回答都大致相同。他们告诉我，一旦紧张情绪不断累积，不想被它拖垮的一个方法就是专注于演讲的第一句话。一旦成功地讲出了第一句话，一切都会自然地进行下去。这就像施了魔法，紧张情绪荡然无存。所以，重点关注开场白，并反复打磨，演讲就会取得成功。

> **案例分析**
>
> ### 乔恩·卡肖：关掉恐惧之门
>
> 喜剧演员和印象主义演员乔恩·卡肖说过，"在演讲之前紧张，只是对未知的恐惧。你会发现，当你说出前几句话时，这场演讲对你来说已经不是一片空白了。然后你就会进入状态，紧张的感觉便消失了"。

第七章
演讲日

如果像乔恩这样经常表演的人都仍然会感到紧张,你也就不必害怕它。当紧张情绪出现时,用已知的信息安抚自己,你知道它们会帮助你表现得更好,并在演讲开始时迅速消失。或者正如乔恩所说,"那种紧张的感觉会像关掉了一盏灯一样消失"。这个比喻非常恰当,可以减轻你的担忧。心里想象一个画面让自己平静下来,你的紧张情绪就像一盏灯一样轻松地被关掉。

演讲小技巧

- 相信自己,相信自己的资历和名誉。
- 告诉自己要兴奋而不是恐惧。

第八章

呈现演讲

现在轮到你上台发表演讲了。利用最后几分钟调整自己，然后准备好大显身手吧。前面大量的准备工作已经结束，一切前期工作都已完备，现在是上台表现的时刻。上台前大把的时间和精力都用来调整演讲内容，你现在要做的就是分享准备的想法和观点，然后期待应得的成功和掌声。

演讲的呈现是努力和时间的成果，同时也是一种庆祝。一旦你在台上进入状态，你会感觉自己把控了全场。如果你演讲风格足够引人入胜，与观众步调一致，那么你很有可能呈现一场让观众眼前一亮的精彩演讲。

现在一起更细致地梳理演讲呈现的全过程。

🎤 开口之前

当你踏上舞台或者走向演讲场地前面时，快速扫视一下现场观众。无论你是和零星几个人对视还是瞥见一大片陌生面孔，都要利用这个瞬间安慰自己，相信他们都希望你取得成功。因为他们确实会这样想，观众和你一样希望能收获一场令人印象深刻的演讲。他们久坐在座位上，不会想忍受一个无聊的演讲者或者费力地听一个表达不清、语无伦次的人演讲。如果你表现得很出色，他们会非常欣慰。

第八章
呈现演讲

所以,在你开口讲话之前,提醒自己观众是站在你这边的。

> **案例分析**
>
> **科爵士:避免演讲千篇一律**
>
> "我认为演讲者需要让观众迅速了解自己人性化的一面,你不会过分关注自身,而且你站在台上不是为了给观众说教。"塞巴斯蒂安·科(Sebastian Coe)说道。他是世界纪录保持者、英国最伟大的运动员之一,2012年伦敦奥委会主席,国际田联(IAAF)主席和主题演讲家。
>
> "你不是来这里念稿子的。你要马上让观众明白这不是'千篇一律'的演讲,不单单是换了一批观众,还是简单地重复以往的开场白。"科

> 爵士（Lord Coe）补充说，"演讲不要表现得太激进或者太傲慢，最好能让观众笑出来。要让观众感到放松。其实就是不要让观众刚看演讲前几分钟就想'天哪，我还要听一个小时'。你希望他们想'这个演讲的人很放松，让我感觉不像在上无聊的欧洲工商管理学院（INSEAD）管理架构课的入门课程'"。

🎤 开场两分钟

本书第四章"讲出自己的故事"中，我们讨论过一个优秀的演讲者可以灵活地改变叙事的过程，

第八章 呈现演讲

同时不会破坏演讲想达成的目的和效果,因为他们充分把握了演讲的核心内容,信心十足。演讲中遵照这种做法当然很好,但是开场前两分钟的内容不能随意发挥,应该严格地按照事先编写的稿子来讲,以便传递演讲的要点。

这样做的好处是让自己有宝贵的几分钟时间在舞台上鼓足信心,缓解紧张忧虑的情绪,因为你会看到开场白多么让观众喜闻乐见。所以开场两分钟的内容需要反复练习,直到能够脱口而出。你要相信自己的演讲开场会赢得观众的尊重和欣赏,激发他们进一步探索的欲望。你想要传达的是你有足够的资历讨论演讲的话题,并且在这方面有过许多有趣的经历。

开场的两分钟内,一丝不苟地按照准备的稿件内容演讲可以快速在舞台上站稳脚跟。这也会帮助你在接下来的演讲中信心大增,让表达更加流畅。

🎤 演讲核心

开场两分钟内充分掌握和理清演讲材料非常关键,因为你不可以带着全篇内容上台。请拒绝这种诱惑!和很多人所想的不同,带着完整的演讲稿并不会让演讲者更有安全感。

看上去完整的演讲稿似乎可以以备不时之需,在你忘记演讲内容的时候起到帮助作用。但这只是一个错觉。现实情况是,演讲者紧紧地攥着这几张纸,仿佛在他们和观众之间形成了一道屏障。这种做法会弱化与观众的联系,破坏对话感,活力十足

第八章 呈现演讲

的对话会变成乏味的独白。

案例分析

> ### 法拉·斯托尔：和观众交流
>
> 多次获奖的编辑法拉·斯托尔会仔细谨慎地做演讲前的准备，她会反复打磨演讲稿，确保文章结构清晰，经得起推敲，就和专家编辑过的文章一样。这就是她能够牢牢把握演讲内容的最佳方式。
>
> "我非常适应站在舞台上面对观众的感觉，"她说，"我从不带笔记上台，它们反而会让我顾此失彼，而且没有人喜欢看别人低头读演讲稿。这会破坏之前精心营造出的和观众之间对话的氛围。"

> "此外，必须和观众互动。好的演讲者能够捕捉到观众的笑点、沉默的点以及现场空间中能量的波动。当你感觉到这些变化时，你需要相应地调整演讲内容。如果一句脏话让他们笑个不停，你可以再多说几句。如果让他们变得安静，就不要再说脏话了！"

🎤 提示卡片

如果你担心在演讲时思路卡住，并不是无计可施。你仍然可以利用提示卡片辅助记忆，最好的方法是用一个单词或短语关联演讲稿中的每个故事或者某个部分。对于所有演讲者来说，只需要一连串

第八章 呈现演讲

有序的写有"触发词"的提示卡片即可。

采用这种方法可以让你在演讲当天表达得更加自然,从容连贯地讲出自己的故事。在必要情况下,快速查看提示卡片的触发词,然后可以继续流畅地演讲。相比之下,在冗长的演讲稿上寻找接下来要说的话会显得笨拙不堪。或者更糟糕的是,不断地卡顿导致无法连贯,只能用生硬的方式朗读每个段落。这会让你看起来淡漠和不自然,就像有的警察局长面对新闻记者宣读准备好的声明一样。所以不要这样做!关键是记住要点,然后想办法自然地表达自己。

案例分析

黛西·麦克安德鲁:打破僵局

自信演讲
SPEAKING WITH CONFIDENCE

电视节目、会议和颁奖典礼主持人黛西·麦克安德鲁(Daisy McAndrew)一直认为,演讲者必须找到一种方法来打破僵局。"有时候可能是一个笑话,有时候可以调侃地说句脏话,但这都是为了表示这不是大学讲师在给一帮聚精会神的学生上课。这是演讲者在和观众分享某些内容,试图想办法打破僵局。有人会选择自嘲,发表一些自贬的评论。有人或许会拿举办方开个小玩笑。这些都是为了向观众表现出他们为了演讲提前做过功课。所以,他们会说一些内容,表明他们了解台下的观众。"

"观众会认为,眼前这个人,这个女孩,她不仅仅是给观众朗读演讲稿。她为我们精心准备,她懂我们。她开了个玩笑,接着又自嘲了一

第八章
呈现演讲

> 下。然后还提到了确切的人名证明她了解自己所讲的内容,现在又向我们讲述了一个政治家行为不检点的八卦。"
>
> "如果你能在演讲前几分钟就做到这些,那么观众就会站在你这边,并愿意支持你。"

视觉辅助

现在把目光转到演讲的另一个重要部分:幻灯片和视觉效果。一直牢记它们是为了辅助演讲,而不是传达的内容。幻灯片应该具有视觉冲击力,还要发挥两个方面的作用:

自信演讲
SPEAKING WITH CONFIDENCE

● 对于演讲者来说，它们发挥的作用就和提示卡片一样。播放的图像可以触发演讲者的记忆，想起演讲中要讲述的下一个故事。因此图像和故事之间应该有很强的关联性，可以立即让演讲者产生联想，从而无缝衔接预设的演讲内容。

● 对于观众来说，视觉辅助是为了让他们看一眼图像，在脑海中留下记忆，然后再重点关注演讲者表达的内容。如果图像引人注目，而且故事和图像之间存在显著的联系，就会让观众印象深刻。这样做也可以帮助观众深深地记住演讲中的很多关键点。

如果幻灯片中要添加文字，我有一个黄金法则是七字法则。这个字数长到足以涵盖重点信息，但

第八章
呈现演讲

又短到不至于让观众注意力分散,依然能够专注于演讲者讲话。有一件显而易见的事情经常会被我们忽视,观众是来听演讲的,而不是坐在这看幻灯片的。分散观众注意力超过几秒就有可能破坏与他们之间至关重要的联结。

很多演讲者认为应该向观众展示出事实和数据。一方面进一步传递信息,另一方面也是为了证明可信度。但这并不是正确的做法。更好的方法是明确向观众表示,演讲结束后可以提供幻灯片以及相关资料。这样就可以既陈述事实,又无须花费太多时间佐证。但这也是为了让观众把注意力集中在演讲而不是幻灯片上。这是一种演讲者和观众双赢的方式,因为观众不需要花费时间疯狂记录幻灯片上显示的信息和数据。相反,他们可以集中注意力倾听演讲，享受演讲。

> **案例分析**
>
> ### 路易丝·马勒博士：一次只做一件事
>
> 路易丝·马勒博士（Dr Louise Mahler）是一位领导力演讲家和肢体语言专家。她说："人们一次只能专注于一件事情。这就意味着如果在演讲时使用视觉辅助，并包含很多信息和图表，观众的注意力就会被分散，从而影响他们理解演讲内容！"

如果使用幻灯片，需要保证呈现出高质量的内容。幻灯片是代表个人品牌最直观的方式。无论演讲者多么出色，如果他们的幻灯片呈现的内容与观

第八章 呈现演讲

众感知到的形象不符,那么会让观众产生混乱。一旦发生这种情况,演讲者就有可能损害自己的形象,因为所有现场表现都属于演讲的一部分。幻灯片的特点也是演讲者表现的一部分,因此你必须确保能够以正确的方式呈现图像内容。

案例分析

奈杰尔·里斯纳尔:演讲无辅助

奈杰尔·里斯纳尔曾被评为高管协会(Academy of Chief Executives)年度最佳演讲者。他提醒演讲者不要过度依赖幻灯片。他说:"学习不借助辅助工具演讲的最佳方式是设想在演讲中某一时刻幻灯片无法工作,音视频团队无法配合,然后你必须放弃使用这些辅助效果。我

自信演讲
SPEAKING WITH CONFIDENCE

> 曾在森宝利（Sainsbury）公司总部演讲，那次幻灯片无法正常播放，但那是我做过的最好的一次演讲。只有在幻灯片失效时，你才能意识到你可以做到，否则会一直想要依赖幻灯片。幻灯片只是辅助工具，而不是演讲的内容。如果能给大家一些启示，那幻灯片会成为演讲加分项。"

时间

现在，让我们来看看如何把握演讲时间。如果没有精心编排演讲稿，演讲者就无法很好地把握演讲的时间。这会酿成重大失误，因为时间对于所有演讲者来说都是关键。你需要规划好演讲的时长。

第八章 呈现演讲

如果演讲者选择一种更自由的风格呈现演讲时，应该密切关注时间。确定演讲中特定的时间点，向观众传达关键信息，并将这些时间点作为标记。例如，演讲进行五分钟的时候说 A 要点，十分钟的时候说 B 要点，十五分钟的时候说 C 要点。演讲者将故事放在演讲核心的好处之一是可以灵活调整，确保按时完成演讲。这可以视为一种模块化方式，演讲者可以更改故事长度，甚至可以省略一个或两个故事，但不会影响演讲的整体内容。

节奏慢且稳

最后，记得在台上深呼吸，然后放慢语速。虽然很多出色的演讲者因其连珠炮一般的演讲方式而

闻名，但对于大多数人来说，紧张和兴奋导致说话太快，会让观众听起来语无伦次和不安。与其风驰电掣般讲完你的演讲内容，不如从一开始就删减掉一部分不重要的内容。

不要担心演讲时说话太慢，观众会认为你在清晰地表达，并且把控演讲节奏。语速过快会让观众感到疏离，因为他们要么听不清楚演讲者说的内容，要么跟不上节奏。

演讲结尾

演讲超时不可取。但是演讲中匆忙收尾并且未能完全呈现所有要点是重大失误，也错失了良机。很多演讲者会在演讲前半部分传达关键信息，以确

第八章
呈现演讲

保它们都能传达给观众。

演讲超时的情况万万不能发生,其中有很多原因。例如,当天的时间安排可能非常紧张,会议或演讲时间超时会影响原计划。或者,时间安排是提前计划过的,这样观众才不会烦躁不安。演讲可以结束得稍微早一点,但不可以晚,特别是演讲者想进入问答环节(第九章将会讨论这个问题)。

🎤 演讲时间结束如何应对

如果你发现自己误判了时间,千万不要在演讲的最后关头仓促地讲完剩下的关键点。实际上,这时候需要坦诚相待。你需要向观众解释你未能讲完演讲一开始提出的所有要点。但你也要明确表示,你乐意在问答环节中谈论这些遗漏的点,并且如果有人想要一起讨论的话,你也会参与其中。

  观众更希望听到一场轻松愉快的演讲,而不是匆忙完成且内容缺失的演讲。向观众坦诚也可以加强演讲者和观众之间的联系。这又回到了之前提到的观点,演讲者需要明确观众才是演讲的主角。整个演讲需要他们参与其中,而不仅仅是由演讲者决定。

🎤 熟能生巧

  演讲之路难免遇到坎坷,确保演讲不会掉链子的最佳方法是反复练习。反复练习决定成功与否。这样做可以帮助你在陌生的环境下表现得更加自然。

第八章 呈现演讲

最优秀的演讲者似乎都是事先没有准备就即兴上台演讲,而且从来不会出错,但其实他们在这之前花了很长时间反复练习。

反馈的价值

面对真人练习非常重要。最好是找一些你信任、尊重并重视他们意见的人。积极向他们寻求反馈,鼓励他们坦率地指出你的问题。虽然听到别人夸赞自己的表现会自信满满,但你要确保他们的夸奖是真心实意的,而不只是为了照顾你的情绪。建设性批评是非常有用的,因为这可以为你准确指出需要改进之处。获得自信最好的方法是演讲前充分准备和反复练习,并且寻求有助于提高演讲水平的反馈。

自信演讲
SPEAKING WITH CONFIDENCE

真实的反馈可以让你挑战自己,并极大地提高成功的机会。它会帮助你对比你在台上和日常生活中的表现。你需要注意演讲模式和表达方式,调整自己的肢体语言和一举一动。同时你要让自己处于舒适的状态,因为你在台上代表的是真实的自己,而不是一个虚构形象,否则一旦开口演讲,真实的一面会被揭穿,观众会感到迷惑。

案例分析

科爵士:圆满收尾

关于如何为演讲画上一个圆满的句号,科爵士表示,"我认为最重要的是整合演讲内容,不要留下什么悬念"。他还说:"演讲结束需要感谢观众抽出时间来聆听演讲。因为他们很有可能是

第八章 呈现演讲

主动留在现场听演讲,不是必须坐在这里。比如他们是去参加会议,还有其他行程安排,他们就不必坐在现场听你演讲。所以一定要感激他们留在这里倾听。"

演讲小技巧

- 永远记住观众支持演讲者。
- 带有关键词的提示卡片可以帮助演讲顺利进行。

第九章

变演讲为对话

信息传递是单向的,这是演讲的本质。但是这么多年来,我无数次从活动举办方、观众和演讲者那里得到过一致的反馈:

"演讲非常棒,演讲者讲出了我们期待听到的内容。但演讲结束时的问答环节才是演讲真正的高潮。提问、回答和讨论让整场演讲升华为一个真正能够相互学习,创造价值的场合。"

自信演讲
SPEAKING WITH CONFIDENCE

能够把演讲转化成一场对话是所有演讲者最出色的技能,它能够让观众参与其中。更重要的是,如果演讲者足够可信而且有丰厚的知识储备支持他们继续谈论相关话题,观众就可以引导演讲者进入到他们期待的对话场景。在这种情况下,演讲者可以为观众带来最大的价值,让他们全神贯注于演讲。这样一来,这场演讲就会令人难忘并且影响深刻。

案例分析

肯尼斯·克拉克:自由发挥的乐趣

英国前财政大臣肯尼斯·克拉克(Kenneth Clarke)是一位见多识广、演讲风格生动活泼的主题演讲家,他钟爱演讲中的问答环节。"我更喜欢问答,因为它给了演讲者发挥的空间,"他

第九章 变演讲为对话

说,"鉴于我之前做过很多政治演讲,我很清楚我的观点。我想为了自己的观点发声。我不介意有争辩,这就是我这一生一直在做的事情。在演讲中,我清楚自己想传达的信息,但无论我怎么想,重要的是要明白传达给观众的是什么。我对这些都了如指掌。有趣的是观察观众的反应。倾听他们的意见和问题,一切会变得更加自然。如果这种方式奏效,你就能与观众互动。"

演讲结尾:问答环节

我认为每位演讲者都应该在演讲结束后进入问答环节,当然前提是他们不介意进一步谈论演讲主

题。你会发现这可能是整个流程中最容易的环节，因为你不会有演讲时"上台表演"的感觉。刚刚进行过的演讲只是一个开始，演讲者希望它能激发观众的思考和好奇心、提出问题，以及充满进一步探索的欲望。不要把演讲当作一个独立的部分，其所含的价值远不止于此，它可以开启一场激动人心的交流。

抛砖引玉

你可能会担心，演讲结尾时问出"还有问题吗"之后面临台下一片死寂，观众无动于衷。一个避免发生这种情况的方法是自己先抛出一个问题。这种做法通常会增加观众信心从而带动他们接二连三地

第九章 变演讲为对话

提出问题。但是我并不太提倡这种做法,因为观众通常会看穿这种手段。

另一个更加不易察觉的方法是在演讲之前先寻找几位面善的观众。询问他们是否愿意在现场没有其他观众提问的情况下向你发问。这种推动演讲进展的方式的优点在于,它可以让观众提出真正的问题,尽管这些问题需要巧妙地引导才能得到,但是它可以让现场氛围更加活跃。

🎤 承认才疏学浅

很多演讲者还很担心问答互动环节被问到自己无法确定的问题。或者他们的观点(更糟糕的是陈述的事实)受到观众质疑。还是那句话,诚实待人

才能笑到最后。当场接受观众的问题并在稍后给予解答或一起讨论对整个演讲有益无害。我认为这种回应反而让演讲者更加受观众喜爱,并提高他们的可信度。

每位演讲者都应该有清晰的认知,虽然自己可能是所在领域的佼佼者,甚至是演讲主题的不二人选,但是观众不会期待你了解一切,能够解答他们所有的问题。没有人会认为你无所不知。通常来说,要引导观众自己思考。

案例分析

李·沃伦:静坐思考

职业魔术师和演讲家李·沃伦(Lee Warren)说:"我认为问答环节是演讲中最有趣、最引人

第九章
变演讲为对话

入胜的部分,不仅对演讲者而言是如此,对观众也是如此。为了营造提问的氛围,演讲者必须有针对性地做两件事情。首先,发言要有挑衅性,不同的人对这个词的理解有所不同。我并不是说要做出过分或粗鲁的举动,而是能让观众一下子坐直身体思考,在心里想'我不同意那个观点'或者'我还没想过这个问题'。演讲者要做的第二件事是在演讲时有意地省略一些信息,或者说有时需要故意提出一些半成型甚至尚不成熟的想法。我看过一位演讲技巧娴熟的演讲者这样做过,它会引得观众提出许多很有趣的问题。"

🎤 创造对话

为了引起观众发问,演讲者可能会选择故意省略一些内容,这些内容原本可以很好地融入演讲。理想情况下,这种做法应该可以很明确地引发观众互动。但有一种方式可以确保演讲能够全面讨论话题,比如演讲结尾时可以说"抱歉,演讲时间已经快到了,我知道大家可能想要深入了解这个话题。针对这个方面有人有问题吗",这种话术也可以作为一种引导观众进入问答环节的方式。

作为一名演讲者,你应该基于自己的经验和学习经历提出观点和想法。应该挑战假设并向观众提供更准确的结论。应该在分享观点的同时引起热烈讨论。此外,你应该让观众清楚地意识到他们可以

第九章
变演讲为对话

做出回应,你真正渴望的是双向互动。虽然你想让观众吸纳你分享的内容,但你不希望他们像海绵一样,只是在被动地接收。你想让现场的观众活跃起来,尽可能从你分享的观点中汲取能量,并且做好准备参与接下来的对话。

案例分析

马克·杰弗里斯:真实一致

马克·杰弗里斯(Mark Jeffries)是全球数家大型企业的沟通顾问,曾在美林证券(Merrill Lynch)担任股票经纪人,他经常针对建立信任、取得成功和加强沟通方面的技巧发表演讲。对他来说,演讲成功的关键标准包括真实和一致。"你应该让人们觉得你在台上和台下都是一样

的,"他说,"而且通常情况下,问答环节是一种更轻松、更随意的交流场面,人们可以看到你作为演讲者和回答问题的人之间的区别。我个人认为,这两个环节的你应该保持一致。正是这样,你才会让人觉得可靠可信,因为你没有假装扮成演讲者的角色。"

马克还提了一个小建议来应对一些糟糕的问题。"总有观众喜欢想借此机会博人眼球。他们可能在台下想,'我应该上台',然后会开始哗众取宠或者提很长时间问题。这时你只需要用轻松幽默的调侃来化解,不必过多停留,继续回答接下来的提问。"

第九章 变演讲为对话

案例分析

凯茜·奥多德：自由发挥

勇敢的登山家凯茜·奥多德（Cathy O'Dowd）是世界上第一位分别从南北两侧登上珠穆朗玛峰的女性。她在进行主题演讲时会引领观众体验她讲述的故事并领会她提出的观点，演讲部分都会经过精心编排，条理清楚，而她更喜欢之后问答环节"自由自在"的氛围。她表示，在演讲之后的问答环节中，她有机会深入探讨观众感兴趣的故事，还可以回应他们对于先前读过的媒体报道中感到好奇的内容。

凯茜补充道，对于那些过分私密的问题，可以选择一笑而过，不正面回答。她还建议，如果有提问者一直纠缠某个问题，惹得其他观众也蠢蠢欲动，最好让现场的主持人来结束这个环节。

🎤 演讲期间：即时提问

演讲后的问答环节是最明确的互动点。但是，真正的交流是双方或更多观众参与的持续互动，因此这种互动不能仅限于在问答环节开始和结束。演讲后加入问答环节并不是唯一的模式。更具互动感的内容既能激发观众的兴趣，也应是所有演讲者的追求。我非常确定这一点，因为我相信互动可以加强观众和演讲者之间的联系和纽带，这会让演讲者在台上感觉更自如。

在前一章中，我们探讨了如何在开场两分钟内与观众建立联系，这为整场演讲打造了好的开端。这也向观众表明这场演讲人人都可以参与进来。你可以在演讲的其他部分沿用这种方式，让观众发声，

第九章
变演讲为对话

提出自己的意见或者表现出对某事的情绪,从而活跃现场气氛,观众们会更有参与感,并且能够感受到自己在现场的价值,而不是在受教育。

然而,如何在演讲过程中设置观众提问是一个棘手的问题。观众可能因为担心打乱台上的演讲节奏,而不想提问。站在演讲者的角度来说,你必须对自己的能力非常自信,不能因为一些小意外就自乱阵脚。被观众提问带偏了节奏后,你是否能够立马回到预设的演讲思路?

🎤 利用技术促进交流

和其他很多领域一样,技术正在改变一切。应用程序越来越普遍地出现在会议和活动现场,这让

观众能够在演讲过程中的任何时候提出问题。这种变化引领演讲的世界迈入有趣的方向。首先,观众们越来越习惯即时提问,因为通过一些技术手段进行提问也不会打断演讲者。

如果问题能够实时呈现给演讲者,会带来巨大的帮助。它们可以准确地反映出观众最感兴趣的方向或主题。演讲者可以尽量满足他们,特别是在用模块化方式讲述故事的时候,这可以让演讲者及时调整演讲内容,并重新分配不同部分的用时,重点阐述那些能够打动观众的故事和内容。

科技为更多观众打开了提问的窗口。过去,有些人可能因为不想引人注目而不愿意参与提问环节,即使短暂的露面也会让他们不适,但现在他们可以利用应用程序匿名提出问题。这种提问方式显著增

第九章
变演讲为对话

加了提问的数量,而且很多问题都来自平时不会提问的人,进一步为演讲增添了更多对话的可能性。

> **案例分析**
>
> ### 凯茜·奥多德:善用沉浸式技术
>
> 凯茜·奥多德是众多融技术于演讲并卓有成效的演讲者之一。她将技术视为演讲不可或缺的一部分,利用这种方式让观众沉浸在她的叙事中。她会在演讲中使用在线互动软件Mentimeter[1],但这也会导致潜在的风险,软件有可能出现问题。凯茜说,随着时代的进步,出

---

[1] 一款实时互动协作软件,可以在线创建投票、问答等活动,通过发送链接或二维码让人们参与其中。——译者注

现问题的情况越来越少。但她仍然会让自己有一个安全保障。"我会精心设计演讲，即使技术部分出现问题，也不会影响其他环节。同时，准备一些简单的串词也可以填补空白时间，利用这段时间等待软件设置完成，或者让观众搞清楚应该如何操作。"

活动举办方最初十分担心观众互动投票环节。但凯茜事先发给了他们详细的 PDF 文件说明，一步步地解释了操作过程。随着过去几年技术的发展，软件的可靠性和接受度不断提高，这种担忧也逐渐被打消。

"在我讲述的故事中，有一些需要做出关键决策的时刻。面对这种情况，尽管没有充足的信息确保成功，我们的登山团队也必须做出选择。"

第九章
变演讲为对话

凯茜说,"通过投票软件收集观众在危急关头的选择,我让听故事的观众变成了故事的参与者,也正因如此,他们非常在意哪种选择是正确的。但其实我们的登山团队也并不总能做出正确的选择。"

"当我第一次开始使用投票软件时,有些人建议直接举手表决更简单。但这两种方式达到的效果并不相同。有时候人们举手做的选择只是为了作秀,他们只是参考了邻座观众的反应,或者为了迎合老板期望而举手。如果投票变成匿名,得到的结果也会不同。"

"除了让观众成为故事的参与者,而不仅仅是被动接受演讲外,这种做法还有助于不断更新我的演讲。我大致知道会得出什么样的结果,但每位观众都有些不同,这种结果确实体现出他们所在的行业性质。投资银行从业者和创业者都心态乐观且勇于冒险;保险和法律公司的从业者则更加谨慎,倾向于规避风险。同时我会公布投票结果,有时用诙谐的方式小小地戏弄一下观众们,却能让他们也乐在其中。"

互动环节会带动全场更加积极的互动,让所有参与其中的人都感到欢乐。

演讲小技巧

- 相信演讲可以开启激动人心的交流。
- 表明期待与观众双向互动。

第十章

深刻影响：演讲深入人心

到此为止,演讲完成了。当你离开舞台时,掌声在耳边响起,这时你终于可以长舒一口气。但是,不管你认同与否,演讲还尚未完整。你仍然有机会影响和改变观众,有机会让演讲变得更令人难忘。你在演讲中提到的观点可以更深入人心,演讲时可以表现得更好。

我们已经用足够多的篇幅详细讨论了如何将故事编排成演讲,这些故事承载着演讲者想传达的信息。然而,不同的观众会从演讲中感悟到不同的内

容，这取决于他们的性格、爱好和职业，也可以说是他们认为自己可以用到的内容。当你站在台上，你的主要任务是用不枯燥刻板的语言和风格与观众交流，让他们拥有愉快的体验。你会关注在演讲当下与他们建立联系。但是，除了即时的体验外，你还要考虑更多。

🎤 传达观众明确信息

下一步要做的是用简洁有力的演讲要点打动观众，让他们记在心里。虽然这些要点取决于演讲本身，但前提是它们必须易于记忆。这些要点应该完全契合演讲，让听众听完想要了解更多或者开始扪心自问。

第十章
深刻影响：演讲深入人心

不要认为自己应该传达给观众一切内容。一场成功的演讲，悬念不会缺席。如果演讲能够激起观众的好奇心，就会在他们心里留下深刻的记忆。虽然演讲应该以讲述确切的内容为主，但也需要给予一定暗示。你要想办法让观众感兴趣，这样你才有问题可以回答。想办法让观众希望和你联络从而了解更多内容，无论是当场联系还是在接下来的几天通过其他渠道联系。

演讲的价值和对观众的影响可以延续很长时间，这种影响是由观众而不是演讲者持续推动的。我知道许多演讲者在发表演讲后会持续收到观众的反馈，有时甚至是在演讲多年之后。这常常是因为当时在现场的观众回忆起来演讲中的某个部分，进而产生了强烈的共鸣。因为观众在当时被勾起了求知欲，所以经常很长一段时间过去后,他们仍然有问题想要向演讲者发问。

🎤 延续对话

你应该找到合适的时机,向观众明确表示刚刚的演讲只是个开头,接下来也可以继续交流。引发观众做出回应,并确保自己能够在接下来的茶歇或其他时间和观众讨论当下的想法,其中也包括回应社交媒体和其他互动渠道的问题。

如果你已经邀请观众进行交流,就务必进行到底。不要忽视那些演讲之后想方设法联系你的观众,让他们感到失落或者疏远,除非他们做出了一些奇怪和令人不安的行为。积极及时地回应观众,他们

第十章
深刻影响：演讲深入人心

或许只是想要更深入地了解你的演讲话题。或者他们可能会向你提出一个有趣的提议，他们可能会是以后有用的人脉。他们如此大费周章地和你联系说明你的演讲对他们产生了影响，但可能演讲当天因为各种缘故未能及时向你提问。或许他们不得不赶去另一个会议，或许他们不好意思在其他人面前和你交谈，或者他们想提的问题或机会涉及商业敏感话题，需要完全保密。

保持开放灵活的态度对待演讲后续的交流可能会让自己受益匪浅。

🎤 分享资源

有一个实用的小技巧可以帮助你继续和观众交

流，那就是为他们指明演讲主题相关的资源或者阅读材料，这些资料可以帮助他们进一步扩展演讲主题包含的相关知识。演讲者越能让观众清楚演讲只是开始，而不是结束，就越能给观众带来持久的影响。可以分享演讲过程中播放的幻灯片，这是一个好方法，能让人们回忆起演讲者讲述过的故事。然而，最好还是选择性分享，而不是一股脑将整个演示文档发送给观众。此外，一些演讲者更喜欢使用幻灯片之外的其他呈现方式。

案例分析

曼迪·希克森：变化的明信片

"我会给观众可以贴在桌子或冰箱上的明信片，只是为了让他们能够回想起我讲的故事，重

第十章
深刻影响：演讲深入人心

温这种体验，"励志演讲家曼迪·希克森（Mandy Hickson）说，"我认为不需要太多的材料。"

曼迪一直努力奋斗，实现了成为一名英国皇家空军飞行员的雄心壮志。她作为第二位在前线驾驶"狂风（Tornado）GR4"战斗机的女性，有过三段服役经历，在伊拉克成功执行了45次任务。她的演讲对商业领域、青少年及其家长的生活选择方面带来了影响，她为此感到非常自豪。

"我收到过许多家长的来信，告诉我我的演讲对他们孩子的影响有多大，"曼迪说，"我所做的并不是鼓励他们加入英国皇家空军，而是更多地帮助他们找到自己热爱的事情，不要害怕追求梦想。我分享了一个年轻女孩的故事，虽然她刚刚开始自己的飞行生涯，但是非常有天赋。这个

> 故事不仅能让青少年产生共鸣,也能启发很多成年人,因为他们在演讲之后联系我说,听了我的演讲,他们在生活中做出了一些重要的改变。"

关键观点可视化

近年来,很多活动举办方会请艺术家将整场活动的要点进行可视化处理,这些要点会被拍摄下来并以电子邮件的方式发送给参与活动的观众。这种方式有时被称为现场绘图或图示记录,目的是可视化会议所涉及的关键点,并将其转换为快照总结。

演讲者在组织想要传达的内容时,有时可能会采取这种技术,利用可视化方式来展示演讲中的一

第十章
深刻影响：演讲深入人心

些关键要点。另一方面，一些经验丰富的演讲者认为，让参会者自己用图画或表格的形式记录下演讲中得到的收获会更多。

🎤 设法衡量演讲影响效果

从客户或活动举办方的角度来看，如何衡量演讲产生的影响效果是一个棘手的问题。虽然演讲是否受欢迎相对容易判断，但是它是否达到了预期效果，例如演讲是否起到了举办方想要的推动组织变革的效果，就难以下结论。不过还是有一些方法可以评估演讲的效果。例如，演讲者可以找机会在演讲后跟进、分析和进一步深化演讲效果。这种方式非常好，如果能够进一步加深和客户的关系，这种方式会更高效。

案例分析

奈杰尔·巴洛：不可预测的化学反应

"客户和参会者，也就是观众，肯定想要知道如何能够评估演讲的效果，"商业演讲家奈杰尔·巴洛（Nigel Barlow）说道，"但是要让他们主动去完成这件事。我经常鼓励团队在举行重大活动几周之后聚在一起，分享他们做过或发现了哪些有帮助的事情。通常来说，这种相互激励可以帮助他人回顾自己已经忘记的内容，同时也能学习同伴在生活和工作中如何践行演讲提到的概念。"

并非一切都会按照演讲预期带来积极的结果，有时候演讲的影响难以预料，所导致的结果

第十章
深刻影响：演讲深入人心

也让人意想不到。

"演讲的效果通常是演讲者的讲述和观众的反应之间产生的一种不可预测甚至不可思议的化学反应，"奈杰尔补充道，"重要的不是演讲者认为的关键信息本身，而是这些信息如何被观众接收和落实。有一件事情令我十分惊讶，我曾经听说一家拉丁美洲公司进行过一场广告宣传活动，主题词就是我之前演讲中鼓励心态开放、拥抱更多可能性的话：与其纠结不可能，不如尝试想可能。"

"最近，我又很高兴得知有一位参会观众受到了我的积极影响，当时我在现场利用心理测验生动形象地描述了他的思维方式，他在那不久之后换了工作，变得比以前更快乐，现在也成了我的客户！"

演讲在观众心中播下了种子，可以开出令人意想不到的花朵。但大多数情况下，演讲带来的改变应该与演讲者的预期保持一致。即使你结束了演讲，也要抓住一切机会再次向观众传达关键信息。

目光长远

就像你努力准备演讲，关注内容、传达方式和场地舒适与否一样，一旦你离开舞台，你同样应该致力于最大化演讲的影响。有很多方式可以优化观众体验、筑牢个人品牌并嵌入关键点。我用现场音乐表演和戏剧表演来类比。乐队演奏完加演曲目的最后一首歌，剧组演员在舞台上鞠躬致谢。他们离开舞台，观众厅的灯光亮了起来。这意味着一切都

第十章
深刻影响：演讲深入人心

结束了吗？那可不一定。如果他们在后台入口和粉丝签名聊天呢？他们又为演出增加了另一维度，让这个夜晚更加难忘。

我来分享一个故事让大家体会演讲后这个阶段的重要性。我陪同一位演讲者参加过一个活动，并观看了他的演讲。虽然这场演讲没有获得非常热烈的反响，但是也很顺利。演讲结束后，他主动留下来和观众热切地攀谈。第二天，很多观众的反馈中都提到了这位演讲者多么友好。所以只有观众能够花时间和演讲者一起交流时，才能真正体会到演讲传达的信息。我认为这是演讲者在演讲之后仍然可以深化演讲影响的完美示范。

总之，永远不要将台上的结束语视为演讲的终点，把目光放长远，离演讲真正结束还有一段路。

🎙 建立并深化联结

这一章重点关注了延续商业演讲产生的影响。另一种要考虑的是不太正式的演讲,你要尝试寻找其带来的不同影响。这类演讲通常是为了庆祝或纪念一个重要场合或特殊时刻。在演讲现场的观众可能对彼此非常了解,或者认识但不太熟悉,其中一些人可能已经很长时间没有见过面。

这类演讲应该让现场其乐融融,让观众们打成一片,鼓励他们分享故事和回忆。演讲不仅要考虑所有人,还要通过不同的方式组织和传达。这样一来,当演讲结束时,你就可以充分融入现场,利用演讲中分享的轶事汇集在场的所有人,创造共同的会议。你演讲中故事的共同线索应该作为焦点供大

第十章
深刻影响：演讲深入人心

家进行讨论，从而更加紧密地将现场观众凝聚在一起。如果你在和他们交流时引用并丰富了这些故事，就可以最大化演讲产生的效果，和参与活动的人建立并深化联结。

这样一来，你演讲中的关键要点会深深印在人们的记忆中。

演讲小技巧

- 成功的演讲除了直白的内容应该包含更多暗示。
- 演讲之后主动与观众交流、强调关键要点并跟进后续效果。

第十一章

从合格到专业

本书的目的是给予演讲相关的指导和提示，让我们所有人都可以通过不同角度对演讲达成共识，把它视为一种积极的分享体验，而不是让人望而生畏的任务。了解了如何把握演讲内容和现场之后，你可能会对演讲有全新的认知，把它当成一场更加轻松愉快的对话。在你不断积累演讲经验之后，你会想让自己的演讲技巧变得完美无缺，从一名合格的演讲者变为专业演讲家。

显然，达到专业的要求比偶尔出于个人或职业需要发表临时演讲要更上一个台阶。我所说的专业是指那些专门受雇演讲的人,他们可能从客户那里按次获得报酬,也可能作为专家或发言人演讲,由其所在的公司或机构支付薪水。人们通常会因为各种机缘巧合成为这两种或其中一种身份。但我相信,很少有人会把为自己找到一个定期发表演讲的平台当作职业目标。

为什么成为专业演讲者

在过去的二十年里,众多"演讲明星"如雨后春笋般涌现在油管网(YouTube)、TED和其他平台。这种现象在互联网上产生了巨大的影响,催生了许多模仿者和竞争者。越来越多的演讲出现在互

第十一章
从合格到专业

联网平台上扩大了其带来的影响力,提高了思想领袖和叙事者的知名度,让更多人能听到他们的声音。如今,观看演讲已经不再是特定社会阶层的专属活动。新思想和思想传递者迎来了更广泛的受众,其影响力也不可同日而语。演讲的世界以清晰的思想观点为至高的艺术追求,这会引领大众提出正确的问题,形成自己的观点。

无论你是否想成为一名专业演讲者,本章内容都将带你一览从合格演讲者迈向专业演讲家所需的一切。

专业演讲艺术

从事演讲行业期间,我有幸亲眼见证过很多杰

出演讲者的专业演讲。但每个人都会经历起步阶段，其中一些人已经摇身一变，成功地从合格的演讲者变为演讲这门艺术的专家。这个过程需要不断练习、耐心沉淀和专业培训。

巧用"三的法则"

美国前总统奥巴马是这些年最出色的演讲者之一，他在两届任期内贡献了很多精彩的演讲，其非凡的感召力和影响力广受赞誉。奥巴马经常巧妙地运用"三的法则"，这一简单有力的原则就是将传达的观点转化为三组传达给观众，从而加深他们的记忆。如此一来，演讲可以保证信息充足且有吸引力，但又不至于信息过载令人难以细细品味和记忆。下

第十一章
从合格到专业

面我用几个演讲片段说明奥巴马是如何活用"三的法则"的。

"你不能被失败左右,你必须从失败中吸取教训,你要表现出经历过失败定会有所不同。"

"如果我们一直等待其他人或者其他契机,就永远不会迎来改变。我们自己就是要等的人。我们自己就是要追求的变化。"

人们都会对"三的法则"这种演讲模式有所触动。奥巴马多次巧妙运用这一法则来点燃观众的激情,让他传递的关键信息能够深入人心。在娴熟的写作和表达基础上巧妙运用这一法则是他演讲提高一个层次的重要因素之一。

🎤 根据观众调整演讲

想要成为最顶尖的演讲者,你必须具备适应能力和即兴思考的能力。这归根结底是需要自己有信心能够适应和把控全场,这也包括培养阅读观众的能力。

案例分析

乔纳森·麦克唐纳:让自己适应现场氛围

乔纳森·麦克唐纳是一位受人尊敬的主题演讲家,他为多家全球企业打造和落实商业化和数字化战略。他在演讲时会及时调整自己去融入现场氛围,并尝试找到看上去对演讲十分投入的观众,更多地和他们进行交流。

"如果看到现场有一群心不在焉、一直玩手

第十一章
从合格到专业

机的人,我可能会临时增加两分钟的互动环节,让观众和邻座的人讨论最近做过最有意思的事情是什么,"乔纳森说,"所以,我会观察观众席的气氛,并实时进行调整。观察他们的面部表情是否专注,有没有左右扭动脚踝,或者不停看手机、一直盯着出口之类的行为,就可以清楚观众的状态。那些盯着手机或手表时间的人往往都是在想演讲之后要做的事,而不是这场演讲,所以我可以抓住机会让他们参与进来。"

实践出真知

毫无疑问,你做的演讲越多,就会表现越好。

我从很多专业演讲者那里得到过一致的说法，他们只有在舞台上演讲才会获得"真正的实践"。他们会利用这种场合磨炼演讲技能让自己的演讲提高一个层次。当然，我不是在反驳本书反复强调练习的重要性，也不是在说日常练习无用。平时的练习同样必不可少。但是，想要成为一名出色的专业演讲者，必须要面对真正的观众。一次次站在台上完成演讲之后，你会清楚自己可以应对任何挑战，这无疑会增强自信心。

除了观众讨论演讲内容时提出的问题之外，你还要将他们对演讲的反馈视为一种持续专业发展的方式。你可以把它当作一个自我提高的循环。每次循环都有助于打磨演讲内容，保证演讲与时俱进。反馈和互动越多，演讲者能学到的就越多，表现会

第十一章
从合格到专业

更好。俗话说不断练习就能完美,但演讲并非如此。专业演讲方面,只靠自己练习不能做到完美,不断面对观众演讲才能做到完美。掌握演讲的秘诀是不放过每次面向观众演讲的机会。

案例分析

罗里·萨瑟兰:重返舞台

如果一位演讲家经验丰富、功成名就,但一段时间不进行演讲,会发生什么?我为撰写本书采访了著名演讲家、广告大师罗里·萨瑟兰,然后从他那里得到了一个非常有趣的见解。他透露道,如果他休息十周或更长时间不做演讲,在休息过后首次回归时,他会感到特别紧张和不安。

罗里和其他演讲者也交流过,他们对此也有

> 同样的感受,那种紧张的感觉甚至比刚开始演讲还要严重。

🎤 坚持演讲基本原则

坚持本书阐述的演讲基本原则非常重要。你应该始终相信观众支持你,渴望听你讲述激动人心的故事,也因此感到心情愉悦。观众希望演讲能够让他们印象深刻并带来积极的影响。心里怀揣着这种想法,展现真实的自己,你就可以进入自己的舒适区。这种舒适感会让你在真正演讲时感觉就像和朋友在咖啡厅聊天一样轻松自如。

第十一章
从合格到专业

🎙 向专业演讲家学习

附录"优秀演讲家的建议"汇编了一些成功转型的职业演讲家给出的重要提示。这些建议可以让你充分了解他们是如何从一名合格的演讲者成长为专业演讲家的,以及你如何才能做到。

演讲小技巧

- 利用观众反馈和互动打磨演讲技巧。
- 抓住一切演讲机会。

第十二章

数字化演讲

随着技术的迅速发展，全新的演讲方式应运而生。视频会议和线上会议已经存在很多年，随着技术成本和连接成本下降、网络带宽的速度和可靠性呈指数提升，这种演讲形式的使用率现在大幅增长。你可能已经使用过一个或多个像讯佳普（Skype）、网讯（Webex）、视界（Zoom）或谷歌环聊（Google Hangouts）这样的即时通信软件，此外还有很多其他应用和平台可供选择。

在线视频会议在商业领域中普及的一个主要原

因是越来越多的员工开始在家办公,这是很多雇主帮助员工更好地平衡工作与生活而出台的福利措施。全球化是另一个原因,在线视频会议可以让不同时区和不同地区办公室的员工一起沟通交流。

在线会议和在线演讲仍然尚未成熟,但出于各种原因,它们肯定会被越来越多人用于商业和个人用途。因此提高这一领域的相关技能可以带来巨大的机会。

适应动态变化

居家办公的兴起意味着现在更多的演讲需要演讲者坐在桌前、看着屏幕进行。这也必然会改变整个演讲场所的能量,因为它改变了观众和演讲者之间的互动模式和关系,同时也对演讲者应对观众反

第十二章
数字化演讲

应的能力提出了不同要求。

尽管如此,无论是线下还是线上演讲都不会改变前面章节所提到的演讲的基本原则。但是,为了确保线上演讲能够获得和线下相同的效果,你需要采取不同的方式做准备。

我不会在本书一条条罗列相关的建议,因为这些内容多到需要再写一本新书!但是我会提供一些有用的小技巧,让大家能更适应新的演讲环境。

布置演讲环境

在家里,我们坐在餐桌工作,如果有条件的话,也可以坐在家里单独的办公室或书房的办公桌前。如果需要进行视频演讲的话,观众会一直盯着屏幕看,

很有可能会分心。而且由于笔记本电脑的摄像头是固定的，演讲者无法来回走动并通过一系列动作带动观众（我也很希望你能想办法做到）。因此，线上的观众肯定会注意到你身后的背景。所以你要确保演讲的背景有助于演讲要传达的内容。不管是设置成照片还是书籍之类的内容，屏幕的背景和边框要精心策划，例如 Zoom 在内的一些视频会议软件可以自定义虚拟背景。演讲者的穿着打扮也很重要，因为摄像头会让观众近距离地观察你，正如之前所说，观众会参考演讲的环境，然后决定是否赞同演讲者与他们分享的内容。

你可以适当考虑一下是否要坐在桌子后方，或者远离桌子的办公椅上，这样可以保证更广的视角展现肢体语言。或者是否倾向于像沙发这样不太正式的家具。每种不同的背景都会给观众留下不同的印象。

第十二章
数字化演讲

🎤 熟悉操作

熟悉演讲所用到的操作,才能利用好线上平台进行演讲。提前了解会议将在哪个平台进行,最好是找同事或朋友一起在正式演讲前模拟演练。如果你需要使用幻灯片、屏幕共享或者口头和书面提问进行互动,这一点就更加重要。如果第一次使用这类技术,多练习和熟悉操作有助于增强演讲效果,同时可以帮助你减少焦虑。

🎤 散发自身能量

没有观众在场,演讲者自己在房间里产生的能量与在坐满观众的会场或会议室中的完全不同。即

使如此，演讲者自身散发的能量对于演讲的表达和成功来说仍然至关重要。

相比于在舞台上面对一排排观众来说，演讲者通过摄像头在视频会议上演讲会使其散发的能量更受限于小小的视频框。在舞台上，演讲者的全身以及相应的动作，包括手势和四处走动，都可以散发出能量。此外，演讲现场的观众只要坐在那里或者稍微活动身体，甚至嗡嗡的骚动声都会让现场散发出更多能量。

在线上环境中，这种能量不复存在了。首先，线上的观众会更加被动，甚至比在线下最面无表情的观众更无动于衷。而且，演讲者可能在线上演讲的时候需要一直坐在椅子上，从而无法通过身体活动来散发能量。

第十二章
数字化演讲

视频演讲会让镜头更靠近演讲者,使得手势和面部表情更加明显。因此你需要考虑到这一点,尽量控制好手势动作和面部表情。此外,你要格外注意自己的肢体语言,符合演讲所传递的内容和情感。千万不要因为别扭的手势、尴尬的姿势或滑稽的表情让之前的努力都付诸东流。

演讲前激活自己

独自在房间面对屏幕散发能量对演讲者来说无疑是一个挑战。线上演讲的前期准备过程有所不同。首先,你不会自然而然地感受到那种即将上台面对一群观众的紧张感。我们都清楚当你在线下演讲时,肾上腺素激增对于演讲时散发能量至关重要。而对

于线上演讲来说，你很可能需要坐着完成，因此在开始之前需要调整自己的状态，带着活力开启演讲。强迫自己分泌出肾上腺素来激发身体能量，保证自己的演讲听起来生动有趣，而不会让观众枯燥乏味。这听上去有些荒唐，但其实相比线下面对现场观众发表演讲来说，演讲者在进行线上演讲之后会感觉更加疲惫，因为他们需要让身体分泌更多肾上腺素。

把握内容

演讲的内容在线上视频演讲时变得至关重要。演讲者必须牢牢把握自己的话术和要分享的观点。朗读写好的稿子（甚至背诵）都会不像你自己的话，或者像是在传递一些你自己都不相信的观点，这样

第十二章
数字化演讲

做是行不通的。当镜头对准你的脸时,你的一切都会完全暴露在镜头之下。观众会密切地关注你的表情和一举一动。所以,他们会很容易捕捉到不真实的感觉,或者与你的个人品牌以及日常行为相悖的表现。

🎤 反复练习增加信心

练习变得更有价值是准备线上与线下演讲的另一大区别。如果你要面对现场观众,无论你练习多少次,真实的情况都会有所不同。但是这种变化通常会让演讲效果更好。根据演讲现场的变化做出反应并及时调整是演讲成功的关键点。然而,如果进行线上演讲,你可以百分之百还原一个正式演讲的环境，并在这种场景下进行练习。因此，练习对于演讲的成功和提高演讲自信来说更加重要。

演讲准备

无论演讲的形式和观众如何变化，站在台上自信演讲的基本原则不会变。想要演讲取得最佳效果，你需要把控演讲的整个过程，而不仅仅局限在向观众传达的内容。这就要求演讲者集中大部分精力在准备工作和练习上。无论演讲者经验多么丰富，前期工作都不可或缺。因为前期准备得越少，演讲者就越难与观众建立联结，从而影响关键内容的传达效果。简而言之，更多准备带来更好效果。

第十二章
数字化演讲

演讲小技巧

- 确保演讲环境契合主题内容。
- 熟悉演讲操作,尝试提前排练。

附录
优秀演讲家的建议

在编写这本书的过程中,我十分有幸能够采访到一些合作过的优秀演讲家,并把他们的很多关于演讲的见解加入到本书的各个章节当中。

以下是他们关于演讲方面的一些想法和建议的汇编。请仔细品读他们的独到见解!

乔恩·卡肖(全能印象主义演员)

"演讲者必须提前熟悉观众。我习惯提前一段时间到达演讲现场,感受现场的氛围和情绪,了解在场的观众和他们谈论的话题。我通常会参加活动的

晚宴，只是为了真正融入现场，这样当你上台时，对观众而言你就不会是一个陌生人。你会从他们身上了解一些事情，这让你感觉是属于他们中的一员，真正沉浸并融入其中，这是我更倾向的做法，因为这会让你在演讲时感觉更舒服。"

凯瑟琳·毕晓普（奥林匹克赛艇运动员、备受敬仰的外交官和多才多艺的演讲家）

"在我看来，我可以决定何时进入演讲状态。因此，如果我能提前到达现场，倾听前一位演讲者发言，那么我就能进入冷静放松的倾听状态，我会做笔记，将别人讲述的内容和我的演讲内容联系起来。距离我演讲前大约十五分钟，或者工作人员为我接通麦克风时，我的心率和肾上腺素会飙升，自动进入演讲状态！"

附录
优秀演讲家的建议

阿德·阿迪潘特（电视节目主持人和奥林匹克轮椅篮球运动员）

"我在演讲前没有属于自己的特定仪式，只是确保自己已经万事俱备。演讲前十分钟左右，我会在脑海中快速过一遍演讲内容，然后去洗手间，接着就上台。"

本杰明·赞德（世界知名的指挥家和领导力演讲家）

"我从未在演讲前紧张，因为我非常高兴可以分享我的发现，并以此影响和激励面前的观众。因此当我站在观众面前时，我非常清楚演讲的主角不是我自己，而是他们。我期待观众的回应、期待他们闪烁的双眼以及他们的兴奋和变化。"

科林·麦克拉伦（电视节目主持人，少数几位曾参与过人质谈判、营救人质并成为人质的士兵之一）

"如果你是站在某个领域的专家角度出发进行演讲，那么你需要更有人情味、不要太强势，有些时候需要让自己看起来平平无奇。虽然这听上去很奇怪，但作为一名特种部队的指挥官，我曾领导过一些备受瞩目的任务。我不会傲慢地说'我曾是一名精英士兵，没有人能击败我'，而是会讲述我面对恐惧、最终克服恐惧的故事，这是人们更愿意理解和接受的内容。很多情况下，演讲者表达演讲核心内容的方式比内容本身更重要。"

法拉·斯托尔（《她》英国版主编，女性问题、领导力、职场多样性和创造力方面的作者和专业演讲家）

"我在演讲时不是在单纯自说自话，我很清楚

附录 优秀演讲家的建议

面前的观众正在经历什么,他们可能面临的挑战是什么。"

卡斯帕·贝里(一位将职业扑克玩家和从商成功经历融入主题和励志演讲的独特演讲家)

"我还记得 27 年前电影制片人尼克·鲍威尔(Nik Powell)对我说过的一段话,他曾是我为英国电视四台制作的第一部电影的执行制片人,同时他也是一位出色并且极具魅力的演讲家。他当时的演讲是这样的:他讲了五个故事,并在每个故事的结尾说'我想我从中学到的东西是……'事实上,这种叙事结构就是我从事电影行业三十年所学到的。其中一个故事非常简单,他说'维珍唱片(鲍威尔与布兰森共同创办的维珍唱片公司)本来会倒闭的。我清楚地记得,当时我穿着最好的西装站在银行门口，而理查德·布兰森穿着破洞牛仔裤出现在我面前，那时候还不流行破洞牛仔裤，他还穿着一件旧毛衣。我问理查德：你穿的是什么？他反问我你穿的是什么？银行不会给你钱的。理查德说我看起来不需要钱，但银行会给他的。我想我从中学到的是……'这个故事很短，对吧？一个人想要钱。维珍唱片即将破产，所以当面临困境，他从一个反直觉思考的人那里汲取了经验。实际上他只讲了大概五个类似的故事，每个故事可能六到七分钟。如果需要从头开始做一次演讲，我就会这么做。"

杰玛·米尔恩（多次获奖的科普作家和网红主播）

"观众想倾听你的演讲，他们想从你身上学到东西，他们也希望你不要紧张。记住观众是站在你这边的，他们不是扑向你的一群狮子，而是仰视你的

附录
优秀演讲家的建议

小猫,就像是在问'你有什么话要说?'牢记要把观众当作你的朋友一样对待。你要在观众中找到那些对你频频点头的人,专注于他们。那些演讲中频频点头的人往往自己也是演讲者。就像我在别人演讲时点头是因为我知道这会让演讲者感到自信。这不是刻意的行为,而是一种自然而然的反应。而且这样做也能吸引人们的注意力。如果你在观众席中频频点头,演讲者通常会在演讲过后和你交谈。这种方式可以很好地引起他们注意。总之,找到冲你点头的观众,他们会支持你。"

哈维尔·巴耶尔(一位在世界规模最大的并购中起到重要作用的认知心理学家,优先考虑人力整合而不是技术因素)

"作为一名演讲者,我当然希望他们能记住我,

自信演讲
SPEAKING WITH CONFIDENCE

因为他们会回来找我,并在一段时间内夸赞我。然后我可能会说,看看我的网站,买我的书吧,这也是人之常情。实际上,当我不需要什么帮助的时候(希望这是大部分时间),演讲更重要的作用是帮助他们做出生活中重要的改变。"

乔纳森·麦克唐纳(一位研究颠覆式创新、商业模式变化和未来趋势的专家)

"在进行完简报会议后,我会继续跟踪有关品牌、关注它们的最新发布和任何企业的内部动作,比如高管离职或入职等。我会使用谷歌快讯(Google Alerts)一直关注它们,直到活动当天。这项服务是免费的,每个人都可以临时设置一个,然后删除一个,操作很简单。我总是会问客户我是否能够提前到达现场感受氛围,他们也喜欢我这样做。"

附录
优秀演讲家的建议

肯尼斯·克拉克（英国前财政大臣兼内政大臣）

"我发现如果我一字一句地写演讲稿，反而能讲得更好。而且我演讲时很少带笔记。如果主题比较严肃，我可能会记一些小标题，因为如果我不仔细一点，任由自己发挥，那我可能会完全遗漏一些内容。所以，我会记录小标题，提示我接下来要讲什么。"

李·沃伦（职业魔术师，洞察人心，乐于分享成为商业领域出色沟通者的秘诀）

"我的演讲主题之一是说服心理学，旨在帮助人们更具说服力和吸引力。所以，我很乐意看到有观众在我演讲时举手提问，'在您演讲时我一直在思考，我明天要参加一个重要的大型推销活动，你认为该如何做？'他们会简要地向我介绍自己的情况。这才真正达到了合作共赢的目的，观众会在离开演讲现

场时有所收获,而相比没有回答任何问题,这也会让我在结束演讲时感觉更好。"

马克·杰弗里斯(全球多家大型企业的沟通顾问)

"仅仅通过主题演讲或者普通演讲,你完全可以给观众带来巨大的影响,然后你就可以离开舞台,离开面前的观众,让这种美好而持久的影响伴随他们。但是,如果你能够参与问答环节,通过问答和观众互动,你和他们之间的联系肯定会更加紧密。他们对你的印象会更好,因为他们能够参与演讲,而且最重要的是,他们的心声能得以表达。"

迈尔斯·希尔顿-巴伯(一位有过许多壮举的冒险家,是第一位驾驶微型飞行器从伦敦飞往悉尼完成长达55天21000千米路程的盲人飞行员)

"如果听众听了我的演讲认为我多么了不起,而

附录
优秀演讲家的建议

觉得自己多么糟糕,那么我的演讲就彻底失败了。但如果我能让观众想,'他只是一个普通的人,和我们一样生活起起伏伏,我们可以做到很多事情……'效果截然不同。我不想在演讲时站在居高临下的位置,我想让观众站到很高的位置上,四处看看,发现自己可以做更多的事情。有一句很贴切的犹太谚语,'银经炉炼则纯,金经火烧则闪,人受赞则显其本'。基本上,如果你想了解一个人的内心,只需用赞美和奉承之词包围他,你就会知道他是否在想'这当然是我应得的'。骄傲使人落后,一旦你自认为是一个了不起的人,认为每个人都要听你的,你就会慢慢退步。"

尼克·扬克尔（花费 25 年破解突破性变革的秘诀，掌握如何利用科学、智慧和商业工具摸清内心、思想和文化）

"演讲者需要从后往前思考演讲中讲述的故事。要思考：人们需要什么行为上的改变？思维上的改变？假设现在我有三分钟、五分钟、十分钟或半小时，人们需要听到什么核心内容才能完成从 A 到 B 的转变？你必须明白人们不是学习机器，只要听到一条消息就会改变。人们有情感，因此演讲者的故事部分必须引起观众的情感共鸣，甚至这样他们才能听得进去。如果他们情绪上抵触、不感兴趣、疲惫或者压力过大，或者认为你并不是一个善意的人，那么他们甚至不会听你说话，他们会把自己封闭起来。所以，你的故事不仅是为他们带来认知上的改

附录 优秀演讲家的建议

变,而是必须完成情感上的转变,这样人们才能从演讲中有所收获。"

奈杰尔·里斯纳尔(励志和主题演讲专家、人类发展专家,以其独特的"动物理论"而闻名)

"我花了很多时间观察观众的反应,看看演讲时谁在听我说话,现场的气氛是否足够活跃。看看自己是否需要做出调整,实际上我最近已经试图活跃过几次氛围,因为演讲在午餐之后,我能看到观众昏昏欲睡和眼神呆滞的样子。"

帕特里克·迪克森博士(经常被媒体称为欧洲领先的未来学家,并且被列为当今最具影响力的二十位商业思想家之一)

"留下你真正想要表达的内容。如果你在演讲时需要使用PPT,那就删除所有无关紧要的幻灯片。

因为它对你来说都无关紧要，为什么要把它强加给观众呢？如果它对你来说无关紧要，为什么它对其他人就是有用的呢？考虑到这一点，只需要把它从你的PPT中删除即可。只留下你真正热衷的内容，这会让你的热情闪耀，观众会听你讲话，认真听你讲到最后一句话，结束之时你会发现观众过于专注而陷入一片寂静。"

罗里·萨瑟兰（拥有广告、营销和品牌领域辉煌的职业生涯）

"我的演讲偶尔也会离题，我也会讲完全不合逻辑的话，就连自己都不知道讲到哪了。我这样做的原因是，这种任何事情都有可能发生的状态更能吸引人们的注意力。当你听其他演讲者的演讲，特别是一个团队的演讲的时候，如果这个团队很明显已

附录
优秀演讲家的建议

经提前多次排练过演讲中发生的所有事情,那么整个演讲听起来就像是走过场。这就像一个宗教仪式,你只是在重复教义,而不是讲述一些新鲜的内容。我认为如果演讲者对自己的材料熟稔于心,就可以即兴发挥。而且我认为即兴发挥一定程度上表明演讲者知道自己在说什么。"

科爵士(英国最伟大的跑步运动员之一,多项世界纪录保持者,2012 年伦敦奥委会主席,国际田联主席和主题演讲家)

"花时间去理解你面对的团体或企业。最糟糕的情况是观众知道同样的演讲可能在 5 个小时前就已经在另一个企业进行过了。演讲者需要花时间去了解观众是谁,他们的志向是什么以及业务创立之时的背景是什么。如果是 30 年前,你要了解并熟悉当

时世界处在什么状况。比如背景是 1968 年或 1969 年，你要知道当时发生的事件有人类登月、巴黎五月风暴，你要知道英国工党政府将取代保守党政府，而泰德·希思（Ted Heath）则成了工党的领袖，你要知道越南战争，你要知道美国民权运动的塞尔玛（Selma）游行，你要知道美国大学校园里发生了什么事情……你需要了解所有背景。通常，我们受邀去某个机构组织举办的庆祝成立 25 周年、40 周年或者 50 周年的活动上演讲。你需要了解当年这个时间段内正在发生的事情。这是为了向观众表示你已经努力做到让这场演讲独一无二，而不是轻描淡写地表现出这种演讲对我来说是小菜一碟，我只需要想办法让以前演讲过的内容听起来新鲜一点。这样做是不行的。"

附录
优秀演讲家的建议

威尔·巴特勒–亚当斯（布朗普敦自行车品牌和租赁公司的老板）

"我的感觉是，演讲一开始要放慢节奏。大家可能会下意识认为演讲一开始就要声音坚定而响亮，语速就好像 160 公里每小时那么快。实际上，我发现当我上台时，我会稍微低调一点开始，然后逐渐增强语气。因为观众在等我跳上舞台，然后在场下大声欢呼。所以，如果我上台的时候说'大家好，我是……'然后语气平缓地开始演讲，那么大家会开始认真倾听。因为你没有大喊大叫，也没有咄咄逼人，所以他们会冷静地听。然后你的语气逐渐增强，演讲中间会迎来一个高潮，然后再下降，然后又一次高潮。所以你应该避免一上场就火力全开的演讲方式。"

自信演讲
SPEAKING WITH CONFIDENCE

坦妮·格雷·汤普森（英国最伟大的轮椅竞速运动员，2005年因对体育事业的贡献被授予英国爵级司令勋章）

"之前我提到过一件事情，一次活动中主办方跟我说，'在场每个人都会沉浸在自己的世界里，因为这是一个盛大的庆祝活动，观众都非常热情'。但是我当时在颁奖，主办方提醒我，'你要一直让他们保持安静'，我当时的内心反应是，'真的吗？这有点蛮不讲理'，但我还是对他们说，'嘘！'这种提醒并不会太令人反感，因为现场的氛围非常温馨友好，每个人都度过了愉快的时光。所以，听取人们的意见是很重要的，因为我想幸好我在进场之前听主办方说，'这对每个在场的人来说都是一个盛大的庆祝之夜。而且每个人都在庆祝，不管他们有没有获得奖

附录
优秀演讲家的建议

项',否则我进入那个场合可能会有些害怕。"

"所以对我来说,向观众提问几个问题是值得的,比如'你希望做什么过去没有做过的事?哪些事情可能没有奏效?'他们不必给出具体的答案。不需要问像观众的平均年龄是多少这样具体的问题。如果你想在演讲中用一些有文化色彩的例子,你要确保这些例子可以与观众产生共鸣。你可以问一些简单的问题。如果你面对的观众来自不同国家,你就不要举非常具有本国特色的例子,这些做法都很简单,不要想得太复杂。"

杰兹·罗斯(一位魔术师、喜剧演员和演讲家,曾在 23 个国家表演。他有时也被称为"另类")

"我在打造自己演讲的品牌时考虑得非常仔细,我花了很长时间去思考我的品牌应该是什么样的,不应该是什么样,以及观众想看到什么。我清楚地记得这个过程非常有挑战性。我第一次认真打造的个人品牌是"行为专家",这也是回应了观众给我起的昵称,因为我以行为洞察顾问的身份为他们做咨询和培训。最近,我又重新打造了个人品牌,放弃了"行为专家"的称号,使用我的名字杰兹·罗斯。它们传达了不同的东西,象征着我生活的不同阶段。现在我用自己的本名作为个人品牌,这与我在电视和电台的工作也更加契合,因为这是我的身份认证,让我能够更真实和真诚地表达自己现在的想法和信念。"

玛姬·阿尔方西(国际女子橄榄球的代表,女子团队运动中最著名的人物之一)

"随着时间推移,我逐渐尝试让演讲变得更加实

附录
优秀演讲家的建议

用,与观众进行更多互动。以前,我只是在面对观众发表演讲。但现在我会寻求他们的想法,并以此展开讨论。"

曼迪·希克森(前英国皇家空军飞行员,也是第二位驾驶"狂风 GR4"战斗机进行实战的女性,曾在伊拉克执行过 45 次任务)

"演讲者不可能给出所有问题的答案,但他们可以分享自己的故事。很多观众认为最令人失望的演讲是,有的演讲者明明面对与自己行业毫不相干的观众,但他们依然试图将准备的内容强加给观众,或者告诉观众为什么这两者是相关的。观众非常讨厌这种演讲!通常来说,我们演讲面对的都是受过高等教育的人群,他们可以凭借自己轻松地跨越这个鸿沟,并不需要别人指指点点。我相信有自己的观点很重要，但也乐于诚实、公开地分享这些观点。"

马克·舒尔曼（鼓手和大提琴演奏家，曾与众多音乐知名人士同台演出，在提供实用、创新的商业战略的同时帮助观众培养自信气场）

"我见过很多十分杰出的演讲者在演讲时完全不借助任何媒体工具。相反，当我看到一些演讲者使用的大量媒体工具时，我发现自己听演讲时会分心，并不能清楚地理解演讲内容。少即是多。如果演讲者坚持认为一些关键信息需要通过视觉形式呈现，并能够为演讲增色，那么在展示时暂停一下，留出时间让观众阅读和吸收这些内容。然后等他们阅读完毕后再继续演讲。这是一种确保观众一次只关注一件事的方法！"

附录
优秀演讲家的建议

黛西·麦克安德鲁（广受欢迎的电视主播、会议主持和颁奖典礼主持人）

"就算你的演讲并不顺利，你也要确保演讲结束得很明确，做到这一点并不难。当然你的演讲肯定会顺利，因为你读了这本书！你在演讲结束时依然可以抬起头来做一个完美收尾，你可以举起手说，'女士们先生们，非常感谢……'多练习如何收尾。而且你必须练习如何气势十足地完成演讲的最后环节，因为你不是在向观众索要掌声，你是在避免观众尴尬。这时你要告诉自己，你如此声势浩大地结尾是因为要给观众留下深刻印象。这样当演讲结束，需要填写对你演讲的评价以及是否邀请你回场的表格时，他们就不会写，'演讲一开始不错，但后来变得平淡无奇。我不知道该不该鼓掌，就只能尴尬地看着地板,我也无法和演讲者进行眼神交流,因为他们的眼神看上去也非常空洞'。最后五分钟糟糕的表现可能会毁掉整个演讲。"

凯茜·奥多德(首位分别从南北两侧攀登过珠穆朗玛峰的女性)

"问答环节可以变得很有趣,显然有些观众非常喜欢这一环节。可以用几分钟活跃观众席的气氛。所以我不建议'只问一两个问题'。要么不进行问答环节,要么留出五到十分钟来完成它。因为我发现经常会出现一种情况,问答环节的前一分钟,观众犹豫地问出一两个问题,而接着就滔滔不绝,转眼就到了五分钟。每次问答环节观众都在等第一个举手的人时,我经常会说几句调侃的话,用来缓解这段尴尬的沉默,这样做也有助于打破现场的严肃

附录
优秀演讲家的建议

气氛。"

德布拉·瑟尔（冒险家、女企业家和性别平等倡导者，曾独自划船横渡大西洋）

"演讲结束之后，有几种方式可以表明它是否对人们有效：人们是否主动来找你交谈是一个重要的表现。当人们在演讲后与你交谈时，如果他们发现你的演讲中有一些对他们非常有帮助的内容，他们会一字不落地复述出来吗？我这样问是想说明当我们传达关键内容时，重复关键内容非常重要。你不能只说一遍，这样观众记不住它。例如，我经常提及的一点是'选择你的态度'。如果我在整场演讲中没有再重复过这一点，观众在结束之后过来和我交谈时，我发现他们只是大概了解，但并没有完全理解。他们可能会说成'选择你的想法'。一旦他们这样说，你应该想到自己确实没有充分地重复关键内容。"

奈杰尔·巴洛（倡导通过打破常规的方式创新思考和相互合作）

"演讲结束后，观众最能够记忆犹新的内容是简洁的视觉材料，这些内容最好由观众们自己记录。应该提倡使用最初由托尼·博赞发明的思维导图方法。在演讲中，充分利用思维导图，筛选信息并使用关键词、颜色和图像，这样做可以更好地吸引观众注意力，让他们更全面地理解和接受演讲内容。"

致谢

首先,我想感谢在演讲行业陪伴我的朋友们。我要感谢我的兄弟蒂姆,他始终和我站在一起,共同经历演讲行业的起起伏伏中,给予我力量和快乐。我也非常感谢迈克尔能够加入我们,一起建立演讲屋,踏上这场冒险之路。

我由衷地感谢从过去到现在所有的团队成员,他们帮助公司走到了今天,也帮助我成就了如今的自己。我也要感谢这些年因演讲而结缘的演讲者和行业专家,他们的经验和智慧让我受益匪浅。

我非常感谢接受采访的演讲者们为本书提供的所有帮助。十分感谢他们愿意付出时间和精力接受采访,慷慨地分享演讲方面的专业知识和经验。此外,我要特别感谢罗伯·格雷(Rob Gray)和我的助手普纳姆·道格拉斯(Poonam Douglas)为本书出版做出的努力,他们在本书的出版过程中发挥了至关重要的作用。

最后,我要感谢我的家人尼可、凯莉和劳拉,他们为我人生的每一刻都带来了欢乐和幸福,每天起床时脸上洋溢的微笑都是因为有他们陪伴我一起成长,这份感激之情难以用言语表达。

后记

以上便是我想说的全部内容。我很高兴能够撰写本书，也希望大家能够从中获益些许。

最重要的是，我希望大家能够相信自己。相信自己可以演讲，并且可以做得很好。

也许未来有一天我会作为观众在现场看你演讲。如果我在场，尽情地用你广博的学识、澎湃的热情和清晰的表达震撼我。但无论我是否在那里，我都祝愿大家能够自信地呈现一场场精彩的演讲。